高等职业教育消防类专业系列教材

消防法律法规

主　编　雷　云　邢国伟
副主编　谭雪慧　韦瑞雪　邓剑华
参　编　伍维莉　周起谋　苏小波　李　乐　覃　青

机械工业出版社

本书紧跟消防行业的发展趋势和国家相关政策要求，内容满足消防行业技术技能人才培养需要。全书共六个模块：消防法律法规基础知识、《中华人民共和国消防法》解读、消防安全相关法律解读、消防安全相关法规解读、消防安全相关部门规章解读、消防安全相关文件解读。

本书以立德树人为根本任务，全面贯彻党的教育方针，以"素质目标""素养园地"为依托，教学内容引入近年典型案例，将素质培养贯穿于教学全过程。

本书既可作为职业院校和应用型本科院校消防救援技术、建筑消防技术、消防工程等专业的教学用书，也可作为各类企事业单位进行消防安全培训的参考用书。

为方便教学，本书配有电子课件、习题，凡选用本书作为授课教材的教师均可登录 www.cmpedu.com 下载。编辑咨询电话：010-88379375，机工社职教建筑QQ群：221010660。

图书在版编目（CIP）数据

消防法律法规 / 雷云，邢国伟主编. -- 北京：机械工业出版社，2025.5. --（高等职业教育消防类专业系列教材）. -- ISBN 978-7-111-77841-7

Ⅰ. D922.14

中国国家版本馆CIP数据核字第2025ZZ2266号

机械工业出版社（北京市百万庄大街22号　邮政编码100037）
策划编辑：陈紫青　　　　　责任编辑：陈紫青　陈将浪
责任校对：龚思文　刘雅娜　封面设计：马精明
责任印制：单爱军
北京虎彩文化传播有限公司印刷
2025年5月第1版第1次印刷
184mm×260mm・10.75印张・265千字
标准书号：ISBN 978-7-111-77841-7
定价：38.00元

电话服务　　　　　　　　　网络服务
客服电话：010-88361066　　机　工　官　网：www.cmpbook.com
　　　　　010-88379833　　机　工　官　博：weibo.com/cmp1952
　　　　　010-68326294　　金　书　网：www.golden-book.com
封底无防伪标均为盗版　　　机工教育服务网：www.cmpedu.com

前言

2022年2月,国务院安全生产委员会印发了《"十四五"国家消防工作规划》,对"十四五"时期的应急管理和消防工作进行了全面部署。《"十四五"国家消防工作规划》提出:"鼓励高等院校开设消防相关专业,建强一批特色院校和一流专业,加快建立完备的消防领域高层次人才培养体系。"《广西消防工作"十四五"规划》也提出:"建立与高等院校联合培养机制……依托各级各类院校开设消防专业或课程培养专业人才,支持广西安全工程职业技术学院等院校建设消防安全专业及专门实训室。"这些政策为消防专业的发展提供了强有力的支持。

随着我国社会经济的发展,人民群众对消防安全保障的需求不断提高,消防产业迎来了蓬勃发展的新时期,消防行业急需大量高素质的消防专业技术人才。目前,开设消防相关专业的高等院校并不多,消防学科发展还不成熟,因此,教材建设成为消防专业发展亟待解决的关键问题。

党的二十大报告提出:"法治社会是构筑法治国家的基础。弘扬社会主义法治精神,传承中华优秀传统法律文化,引导全体人民做社会主义法治的忠实崇尚者、自觉遵守者、坚定捍卫者。"为了顺应国家机构职能改革,贯彻改革思路,进一步支持、促进消防行业发展,2021年4月29日第十三届全国人民代表大会常务委员会第二十八次会议表决通过了《中华人民共和国消防法》的第二次修正。本书以《中华人民共和国消防法》为核心,秉持制度化、规范化、程序化全面推进的思想,强调消防作业的一切活动必须以现行规范和标准为引领,实现制度化、规范化、程序化操作,杜绝一切违章、违法、违规,对《中华人民共和国消防法》、消防安全相关法律法规、消防安全相关部门规章以及文件进行详细解读,提升学生的消防安全法律素养,增强法律意识和风险意识。本书主要有以下特色:

(1) 注重素质培养,落实立德树人根本任务。本书积极贯彻落实党的二十大精神,以习近平新时代中国特色社会主义思想为指导,全面贯彻党的教育方针,落实立德树人根本任务,以"素质目标""素养园地"为依托,教学内容引入近年典型案例,深挖课程背景下的素养元素,将思想价值引领贯穿于教育教学全过程。

(2) 开展校企合作,深化产教融合。为深入贯彻落实《国家职业教育改革实施方案》《职业院校教材管理办法》,深化"三教"改革,本书采用"校企合作、双元开发"的形式，以广西第二批高等职业教育示范性产业学院"防灾与救援产业学院"和 2022 年自治区级职业教育专业教学资源库立项建设项目"建筑消防技术"等重点项目为依托，深化产教融合，是广西第二批高等职业教育示范性产业学院"防灾与救援产业学院"项目的研究成果。

（3）配套资源丰富，利于自主学习。本书图文并茂，配有微课视频、课件、习题和典型案例等教学资源，精选其中具有典型性、实用性的资源以二维码方式体现在书中，实现线上线下混合式教学，为学生自主学习提供了支撑。

本书由广西安全工程职业技术学院雷云和广西政通人和消防科技集团有限责任公司邢国伟任主编；广西安全工程职业技术学院谭雪慧、广西第一工业学校韦瑞雪、广西政通人和消防科技集团有限责任公司邓剑华任副主编；此外，广西安全工程职业技术学院伍维莉、周起谋、苏小波、李乐和广西政通人和消防科技集团有限责任公司覃青也参与了编写。具体编写分工为：模块一由雷云编写，模块二由韦瑞雪、雷云编写，模块三由雷云、伍维莉、周起谋编写，模块四由伍维莉、李乐编写，模块五由谭雪慧、苏小波编写，模块六由邢国伟、邓剑华、覃青编写。全书由雷云负责统稿。

由于编者水平有限，书中难免存在不足之处，敬请读者批评指正。

编 者

二维码清单

页码	名称	二维码	页码	名称	二维码
4	法的形式及效力		39	从业人员的安全生产权利义务	
12	消防工作方针与消防工作责任制		46	与消防相关的危害公共安全罪（放火罪、消防责任事故罪）的处罚规定	
21	多种形式的消防组织		49	施工许可证	
23	灭火救援的保障、责任与义务		56	行政处罚的种类	
36	生产经营单位主要负责人的职责		63	大型群众性活动承办者的安全职责	

（续）

页码	名称	二维码	页码	名称	二维码
66	森林防火条例		104	消防安全培训管理的规定、要求	
72	草原防火条例		109	高层民用建筑消防安全管理规定	
79	物业服务人的消防安全责任		115	消防监督检查规定	
88	特殊建设工程的消防设计审查和消防验收		124	人员密集场所消防安全管理	
98	消防安全重点单位的界定		159	《消防安全责任制实施办法》解读	

目 录

前　言
二维码清单

模块一　消防法律法规基础知识 ·· **1**
　　单元一　法律基础知识 ·· 2
　　单元二　认识消防法律法规 ·· 7

模块二　《中华人民共和国消防法》解读 ································· **10**
　　单元一　认识《消防法》 ·· 12
　　单元二　火灾预防 ·· 15
　　单元三　消防组织 ·· 21
　　单元四　灭火救援 ·· 22
　　单元五　监督检查 ·· 25
　　单元六　法律责任 ·· 27

模块三　消防安全相关法律解读 ·· **33**
　　单元一　《中华人民共和国安全生产法》解读 ······················· 34
　　单元二　《中华人民共和国刑法》解读 ································· 43
　　单元三　《中华人民共和国建筑法》解读 ······························ 48
　　单元四　《中华人民共和国行政处罚法》解读 ······················· 56

模块四　消防安全相关法规解读 ·· **61**
　　单元一　《大型群众性活动安全管理条例》解读 ···················· 62
　　单元二　《森林防火条例》解读 ·· 66
　　单元三　《草原防火条例》解读 ·· 71
　　单元四　地方性消防法规解读 ·· 76

模块五　消防安全相关部门规章解读 …… 84

　　单元一　《建设工程消防设计审查验收管理暂行规定》解读 …… 86
　　单元二　《机关、团体、企业、事业单位消防安全管理规定》解读 …… 95
　　单元三　《社会消防安全教育培训规定》解读 …… 104
　　单元四　《高层民用建筑消防安全管理规定》解读 …… 109
　　单元五　其他消防安全部门规章解读 …… 115

模块六　消防安全相关文件解读 …… 122

　　单元一　《人员密集场所消防安全管理》解读 …… 124
　　单元二　《仓储场所消防安全管理通则》解读 …… 133
　　单元三　《重大火灾隐患判定方法》解读 …… 142
　　单元四　《建筑消防设施的维护管理》解读 …… 149
　　单元五　其他相关文件解读 …… 156

参考文献 …… 164

模块一

消防法律法规基础知识 <<<

学习目标

知识目标:
1. 描述法的定义、特征和分类。
2. 概括法的作用及局限性。
3. 总结法的形式及效力,并进行比较。
4. 说出我国消防立法的情况。
5. 概括我国消防法律法规的基本框架。

能力目标:
1. 能运用消防法律法规知识分析有关案例。
2. 能运用法律思维分析和解决工作、生活中的实际问题。

素质目标:
1. 树立社会主义法治理念。
2. 增强法律意识,提高法治素养。

思维导图

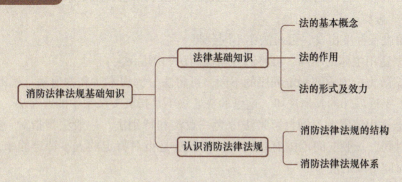

单元一　法律基础知识

一、法的基本概念

（一）法的定义

法是由国家制定或认可，以权利和义务为主要内容，由国家强制力保证实施的社会行为规范及其相应的规范性文件的总称。广义的"法律"常简称为法，它是指法律的整体，包括作为根本法的宪法、全国人大及其常委会制定的法律、国务院制定的行政法规、国务院有关部门制定的部门规章、地方国家机关制定的地方性法规和地方政府规章等。狭义的"法律"仅指全国人大及其常委会制定的法律。在人们日常生活中，"法律"一词多为广义用法，如"执法必严""违法必究""法律面前一律平等"等。

（二）法的特征

法具有以下4个基本特征：

1. 法是调整人们行为的社会规范

首先，在社会体系中，法属于社会规范的范畴。其次，人的行为是法的调整对象。或者说，法的调整对象是社会关系。法调整人的行为，同时也就调整了社会关系。每一部法律都是由行为模式和法律后果两部分组成的，它通过行为模式和法律后果来规制人们的行为。

2. 法由国家制定或认可并具有普遍的约束力

制定或认可是国家创制法的两种形式，表明了法的国家意志性。

3. 法通过规定人们的权利和义务来调整社会关系

法作为特殊的社会规范，是以规定人们的权利和义务作为主要内容的。法对社会关系的调整，总是通过规定人们在一定关系中的权利与义务来实现。

4. 法通过一定的程序由国家强制力保证实施

国家强制力是指国家的军队、警察、法庭、监狱等，是法的后盾。如果没有国家强制力作为后盾，法就会对公民的违法行为失去权威性，法所体现的意志就得不到贯彻和保障。

（三）法的分类

从不同角度或标准出发，可对法作不同分类。

（1）根据适用主体的不同，可将法分为国内法和国际法。

（2）根据效力、内容和制定程序的不同，可将法分为根本法和普通法。根本法即宪法，普通法即除了宪法以外的其他法律。这里的普通法不是指英美法系中的普通法。

（3）根据适用范围的不同，可将法分为一般法和特别法。一般法是指对一般人、一般事项、一般时间、一般空间范围有效的法；特别法是指对特定的人、特定的事、特定的地区、特定的时间有效的法。

（4）根据法规定的内容的不同，可将法分为实体法和程序法。实体法是指规定主要权利和义务（职权和职责）的法，如民法、刑法等；程序法一般是指保证权利和义务得以实施的程序的法，如民事诉讼法、刑事诉讼法等。

(5) 根据法的表达形式的不同，可将法分为成文法和不成文法。成文法是指由国家机关制定和公布，以成文形式出现的法，又称制定法；不成文法是指不具有法律条文的形式，但国家认可其具有法律效力的法，又称习惯法。

(6) 根据国家意识形态的不同，可将法分为社会主义法和资本主义法。

二、法的作用

法的作用是指法对人与人之间所形成的社会关系所产生的影响。它表明了国家权力的运行和国家意志的实现。法的作用可分为规范作用和社会作用。规范作用是手段，社会作用是目的。

(一) 法的规范作用

根据行为的主体不同，法的规范作用可分为指引作用、评价作用、教育作用、预测作用及强制作用。

1. 指引作用

法规定人们可以如何行为、应该如何行为和不应该如何行为，所以法的指引作用就是指人们必须根据法的规定采取行为，指引作用的对象是本人的行为。

2. 评价作用

法具有判断和衡量他人的行为是安全或不安全、合法或不合法的评价作用，评价作用的对象是他人的行为。评价他人的行为要有一定的客观评价准则，法的条款内容就是评价他人行为普遍适用的准则。

3. 教育作用

法的教育作用主要体现在三个方面：

(1) 通过对法的宣传，可以教育广大群众增强法制观念，做到知法、守法。

(2) 通过对违法行为的处罚，既可以对违法者本人起到惩戒的教育作用，又可以对其他人起到警告、预防的教育作用。

(3) 通过对守法事迹的表彰，可以对人们起到示范的教育作用。

4. 预测作用

人们可以根据法预先估计自己或他人的行为是合法的或是不合法的，从而起到自我控制和互相监督的作用；同样，作为执法机关，通过实施法可以预测各种违法行为的可能性和发展趋势，以便采取预防性的、管理性的或控制性的措施。

5. 强制作用

法的规范作用的对象是违法者的行为，法的强制作用不仅用于制裁违法犯罪行为，而且在于预防违法犯罪行为、提高社会成员的安全感。

(二) 法的社会作用

法的社会作用是相对于法的规范作用而言的，是指法对社会和人的行为的实际影响。我国社会主义法的社会作用大体可归纳为以下六个方面：

(1) 维护秩序，促进建设与改革开放，实现富强、民主与文明。

(2) 根据一定的价值准则分配利益，确认和维护社会成员的权利与义务。

(3) 为国家机关及其公职人员执行任务的行为提供法律依据，并对他们滥用权力或不尽职责的行为进行制约。

（4）预防和解决社会成员之间以及社会成员与国家机关之间或国家机关之间的争端。

（5）预防和制裁违法犯罪行为。

（6）为法本身的运作与发展提供制度和程序。法的规范作用与法的社会作用是相辅相成的，法是以自己特有的规范作用实现其社会作用的。

（三）法的局限性

法的局限性在于：

（1）法并不是调整社会关系的唯一手段。除法外，还有经济、政治、行政、道德等手段，法不是唯一的社会规范。

（2）法的稳定性、抽象性与现实生活的多变性、具体性存在矛盾。

（3）法的作用发挥，需要其他各种条件的配合。法作为国家制定或认可的社会规范体系，需要合适的人去正确执行和使用。因此，执法人员的专业知识和思想道德水平、公民的自觉守法意识、良好的法律文化氛围和全社会对法的充分信任，是一个国家实现法治所必需的条件。法的局限性可通过其他途径来弥补。

三、法的形式及效力

法的形式及效力

（一）法的形式

当代中国法的形式主要为以宪法为核心的各种制定法，包括宪法、法律、行政法规、地方性法规、自治法规、行政规章、国际条约等。

1. 宪法

宪法是国家的根本法，具有最高的法律地位和法律效力。宪法的特殊地位和属性，体现在以下四个方面：

（1）宪法规定国家的根本制度、国家生活的基本准则。例如我国宪法规定了中华人民共和国的根本政治制度、经济制度、国家机关和公民的基本权利与义务。

（2）宪法具有最高法律效力，即具有最高的效力等级，是其他法的立法依据或基础，其他法的内容或精神必须符合或不得违背宪法的规定或精神，否则无效。

（3）宪法的制定与修改有特别程序。我国宪法草案是由宪法修改委员会提请全国人大审议通过的。

（4）宪法的解释、监督均有特别规定。我国宪法规定，全国人大及其常委会监督宪法的实施，全国人大常委会有权解释宪法。

2. 法律

这里所说的"法律"，是指狭义上的法律，是由全国人大及其常委会依法制定和变动的，规定和调整国家、社会和公民生活中某一方面根本性的社会关系或基本问题的一种法，例如《中华人民共和国消防法》（以下简称《消防法》）、《中华人民共和国安全生产法》（以下简称《安全生产法》）。法律的地位和效力低于宪法而高于其他法，是法的形式体系中的二级大法。法律是行政法规、地方性法规和行政规章的立法依据或基础，行政法规、地方性法规和行政规章不得违反法律，否则无效。

3. 行政法规

行政法规专指最高国家行政机关（即国务院）制定的规范性文件。行政法规的名称通常为《××条例》，例如《森林防火条例》《草原防火条例》。行政法规的法律地位和法律效力次于宪法和法律，但高于地方性法规、行政规章。行政法规在中华人民共和国领域内具有约束力。

4. 地方性法规

地方性法规是指地方国家权力机关依照法定职权和程序制定和颁布的、施行于本行政区域的规范性文件。地方性法规的名称通常为《××地方××条例》，例如《北京市消防条例》。地方性法规的法律地位和法律效力低于宪法、法律、行政法规，但高于行政规章。地方性法规由省、自治区、直辖市的人大及其常委会制定。

5. 自治法规

自治法规是民族自治地方的权力机关制定的特殊的地方规范性法律文件，是自治条例和单行条例的总称。自治条例是民族自治地方根据自治权制定的综合性法律文件；单行条例则是根据自治权制定的调整某一方面事项的规范性法律文件。各民族自治地方的人大都有权按照当地民族的政治、经济、文化特点，制定自治条例和单行条例。自治条例和单行条例在我国法的渊源中是低于宪法、法律的一种形式。自治条例和单行条例可作为民族自治地方的司法依据。

6. 行政规章

行政规章是有关行政机关依法制定的事关行政管理的规范性文件的总称，分为部门规章和地方政府规章两种形式。部门规章是国务院所属部委根据法律和国务院行政法规、决定、命令，在本部门的权限内所发布的各种行政性的规范性文件，也称部委规章。部门规章的名称通常为《××规定》《××办法》《××细则》，例如《高层民用建筑消防安全管理规定》《机关、团体、企业、事业单位消防安全管理规定》。其地位低于宪法、法律、行政法规，不得与它们相抵触。地方政府规章是由有权制定地方性法规的地方人民政府根据法律、行政法规制定的规范性文件。地方政府规章的名称通常为《××地方××规定》《××地方××办法》《××地方××细则》，例如《甘孜藏族自治州消防安全管理规定》。地方政府规章除不得与宪法、法律、行政法规相抵触外，还不得与上级和同级地方性法规相抵触。

7. 国际条约

国际条约是指两个或两个以上国家或国际组织之间缔结的确定其相互关系中权利和义务的各种协议，是国际交往中普遍的法的形式。国际条约本属国际法范畴，但对缔结或加入条约的国家的国家机关、公职人员、社会组织和公民也有法的约束力，在这个意义上，国际条约也是该国的一种法的形式，与该国的国内法具有同等约束力。随着中国对外开放的发展，与别国交往日益频繁，与别国缔结的条约和加入的条约日渐增多，这些条约也是中国司法的重要依据。

8. 其他法的形式

除上述法的形式外，在中国还有以下几种成文的法的形式：一是"一国两制"条件下特别行政区的规范性文件；二是中央军事委员会制定的军事法规和军内有关方面制定的军事规章；三是有关机关授权别的机关所制定的规范性文件。

经济特区的规范性文件，如果是根据宪法和地方组织法规定的权限制定的，属于地方性法规；如果是根据有关机关授权制定的，则属于根据授权制定的规范性文件。

法的形式、名称特征及制定主体见表1-1。

表 1-1　法的形式、名称特征及制定主体

法的形式		名称特征	制定主体
宪法		《中华人民共和国宪法》	全国人大
法律		《××法》	全国人大及其常委会
行政法规		《××条例》	国务院
地方性法规		《××地方××条例》	地方人大及其常委会
行政规章	部门规章	《××规定》《××办法》《××细则》	国务院各部委
	地方政府规章	《××地方××规定》《××地方××办法》《××地方××细则》	地方人民政府

（二）法的效力

1. 法的效力概述

法的效力通常有广义和狭义两种理解。从广义上说，法的效力泛指法的约束力。不论是规范性法律文件，还是非规范性法律文件，对人们的行为都产生法的约束作用。狭义上的法的效力，是指法的具体生效的范围，即对什么人在什么地方和在什么时间适用的效力。正确理解法的效力问题，是适用法律的重要条件。这里所讲的法的效力，是就狭义而言的。

2. 法的效力层次

我国现行立法体制是"一元、两级、多层次、多类别"。与此相适应，我国立法的效力是有层次的。法的效力层次是指规范性法律文件之间的效力等级关系。根据《中华人民共和国立法法》（以下简称《立法法》）的有关规定，法的效力层次如下：

（1）上位法的效力高于下位法。

1）宪法规定了国家的根本制度和根本任务，是国家的根本法，具有最高的法律效力。

2）法律的效力高于行政法规、地方性法规、行政规章。

3）行政法规的效力高于地方性法规、行政规章。

4）地方性法规的效力高于本级和下级地方政府规章。

5）自治条例和单行条例依法对法律、行政法规、地方性法规作变通规定的，在本自治地方适用自治条例和单行条例的规定。

6）部门规章与地方政府规章之间具有同等效力，在各自的权限范围内施行。

（2）在同一位阶的法之间，特别规定优于一般规定，新的规定优于旧的规定。

法的效力层次如图 1-1 所示。

3. 法的效力范围

法的效力范围也称法的适用范围，是指法适用于哪些地方、适用于什么人、在什么时间生效。

（1）法的时间效力。法的时间效力是指法从何时开始生效，到何时终止生效，以及对其生效以前的事件和行为有无溯及力。

（2）法的空间效力。法的空间效力是指法生效的地域（包括领海、领空），即法在哪些地方有效。通常，全国性法律适

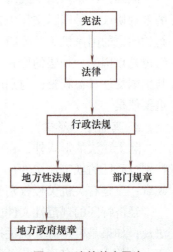

图 1-1　法的效力层次

用于全国，地方性法规仅在本地区有效。

（3）法对人的效力。法对人的效力是指法适用于哪些人。在世界各国的法律实践中先后采用过四种对自然人的效力的原则：属人主义；属地主义；保护主义；以属地主义为主，与属人主义、保护主义相结合的"折中主义"。这是近代以来多数国家所采用的效力原则，我国也是如此。采用这种原则的原因是：既要维护本国利益，坚持本国主权，又要尊重他国主权，照顾法律适用过程中的实际可能性。

单元二　认识消防法律法规

一、消防法律法规的结构

消防法律法规的结构通常包括适用条件部分、行为模式部分和法律后果部分。

1. 适用条件部分

消防法律法规的适用条件部分是指消防法律法规中规定的适用该法律法规条件的内容。例如《江苏省消防条例》第二条规定：本省行政区域内的火灾预防、扑救和相关应急救援工作，适用本条例。《江苏省消防条例》第九十四条规定：本条例自2023年5月1日起施行。这两个条款规定了适用《江苏省消防条例》的地域、人员以及时间方面的条件、内容。

2. 行为模式部分

消防法律法规的行为模式部分是指消防法律法规中规定的人们的行为准则或标准等方面的内容。其中包括：

（1）义务行为，即主体应做的行为。例如《消防法》第五条规定：任何单位和个人都有维护消防安全、保护消防设施、预防火灾、报告火警的义务。任何单位和成年人都有参加有组织的灭火工作的义务。

（2）禁止行为，即主体不应做的行为。例如《消防法》第二十四条规定：消防产品必须符合国家标准；没有国家标准的，必须符合行业标准。禁止生产、销售或者使用不合格的消防产品以及国家明令淘汰的消防产品。

（3）授权行为，即主体可以做的行为或可以不做的行为。例如《消防法》第三十四条规定：消防设施维护保养检测、消防安全评估等消防技术服务机构应当符合从业条件，执业人员应当依法获得相应的资格；依照法律、行政法规、国家标准、行业标准和执业准则，接受委托提供消防技术服务，并对服务质量负责。

3. 法律后果部分

消防法律法规的法律后果部分是指消防法律法规中规定的人们的行为符合或违反该法规的要求时，将产生某种可以预见的结果方面的内容。其中包括：

（1）肯定性法律后果，即对义务行为作为，得到允许或奖励的后果。例如《消防法》第七条规定：国家鼓励、支持消防科学研究和技术创新，推广使用先进的消防和应急救援技术、设备；鼓励、支持社会力量开展消防公益活动。对在消防工作中有突出贡献的单位和个人，应当按照国家有关规定给予表彰和奖励。

（2）否定性法律后果，即对义务行为不作为、对禁止行为作为，得到批评或惩罚的后果。例如《消防法》第六十八条规定：人员密集场所发生火灾，该场所的现场工作人员不履行组织、引导在场人员疏散的义务，情节严重，尚不构成犯罪的，处五日以上十日以下拘留。

二、消防法律法规体系

消防法律法规是指由国家各级有立法权的机关制定的，规定公安机关、消防监督机构代表国家行使监督管理权，由社会各成员普遍遵守，用以维护我国消防安全和社会秩序的法律规范的总和。从法律关系来看，消防法律法规主要调整的是我国消防监督管理中的各种社会关系，是由公安机关、消防监督机构执行的，具有相对独立性，形成了一个独立的有机的法律法规体系，即消防法律法规体系。

消防法律法规体系作为社会主义法律体系的重要组成部分，既要考虑其在整个法律体系中的地位和作用，又要考虑与其他法律体系的协调和衔接问题。消防法律法规体系必须与其他法律体系保持和谐一致，不互相冲突。在消防法律法规体系内部，又要求每个消防法律规范和谐一致，各法律法规之间要紧密联系，以便形成一个互有分工、互相配合、互相制约的有机统一整体。

我国消防法律法规体系是以《中华人民共和国宪法》（以下简称《宪法》）为根本大法，以消防法律为依据，由消防行政法规、地方性消防法规、消防规章和消防技术规范及标准等共同组成。根据我国法律规范的立法权限及效力层次，消防法律法规体系也可根据立法权限及效力的不等分成不同的等级层次。各等级层次既有分工，又互相制约、互相配合，协调有机地构成一个系统。消防法律法规体系，首先要求各种消防法律规范的原则、宗旨、任务、目的等不得与我国《宪法》相抵触。我国《宪法》第五条规定：国家维护社会主义法治的统一和尊严。一切法律、行政法规和地方性法规都不得同宪法相抵触。这也是消防法律法规体系的指导原则。其次，在消防法律法规体系内，下一等级层次的消防法律法规不得同上一等级层次的消防法律法规相抵触。

消防法律法规体系的范围非常广泛，其具体表现形式主要是宪法、消防法律、消防行政法规、地方性消防法规、消防规章和消防技术规范及标准等。

1. 宪法

宪法精神和宪法原则是消防行政执法的重要依据，许多宪法条文就是消防行政执法的基本依据。宪法所包含的消防行政执法依据主要有：关于国家行政机关活动基本原则的规范；关于国家行政机关组织和职权的规范；关于公民在行政法律关系中享有的权利和相应的义务的规范等。

2. 消防法律

消防法律是由全国人大常委会制定的关于消防工作的规范性文件。《消防法》全面、科学、准确地规定了社会各方面的消防工作，是我国消防法律法规体系中的根本大法，不仅对全国消防工作的开展具有普遍的指导意义，还是制定其他消防法律法规的主要依据。

3. 消防行政法规

消防行政法规是国务院制定、颁布的有关消防管理工作的各种规范性文件，例如《森林防火条例》《草原防火条例》等。消防行政法规是消防法律法规体系的重要内容，在全国范围内适用，其法律效力仅次于消防法律。

4. 地方性消防法规

地方性消防法规是地方国家权力机关根据消防法律和消防行政法规，结合本地区消防工作的实际需要制定的地方性规范性文件，是由省、自治区、直辖市的人大及其常委会制定的，适用范围限于本行政区域之内，如《北京市消防条例》《江西省消防条例》。

5. 消防规章

消防规章分为部门消防规章和地方政府消防规章两种形式。部门消防规章是由国务院所属部委（如公安部等）在本部门权限范围内，根据国家法律法规制定的适用于某行业或某系统的规范文件，如《机关、团体、企业、事业单位消防安全管理规定》等。地方政府消防规章是由有权制定地方性法规的地方人民政府根据法律、行政法规制定的规范性文件，适用于本行政区域内，如江苏省政府颁布的《江苏省农村消防管理办法》、无锡市政府颁布的《无锡市建设工程施工现场消防安全管理办法》等。

6. 消防技术规范及标准

消防技术规范及标准是规定社会生产、生活中保障消防安全的技术要求和安全极限的各类技术规范和标准的总和。消防技术规范及标准按照等级的高低，可分为国家消防技术规范及标准、行业消防技术规范及标准和地方消防技术规范及标准。

模块二

>>> 《中华人民共和国消防法》解读

 学习目标

知识目标：
1. 认识《中华人民共和国消防法》的具体条文规定。
2. 概括《中华人民共和国消防法》的主要内容。
3. 总结《中华人民共和国消防法》的法律责任，并进行比较。

能力目标：
1. 能解读《中华人民共和国消防法》有关内容条款。
2. 能运用《中华人民共和国消防法》分析消防安全违法案例。
3. 能运用《中华人民共和国消防法》解决工作和生活中的实际问题。

素质目标：
1. 具有良好的消防安全法律素养。
2. 增强自觉遵守消防安全法律的意识，认识到火灾的危害和消防安全的重要性。
3. 提高消防安全的风险意识，养成良好的消防安全习惯。

 思维导图

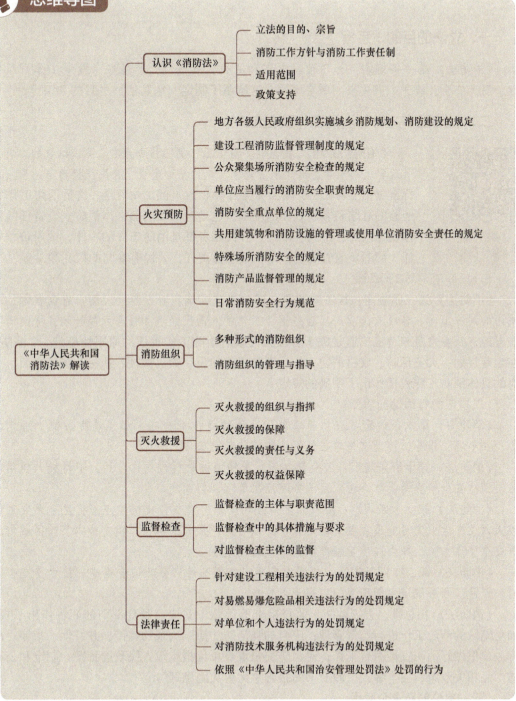

单元一　认识《消防法》

一、立法的目的、宗旨

《消防法》第一条规定：为了预防火灾和减少火灾危害，加强应急救援工作，保护人身、财产安全，维护公共安全，制定本法。这阐明了制定《消防法》的目的和宗旨。

二、消防工作方针与消防工作责任制

消防工作方针与消防工作责任制

《消防法》第二条规定：消防工作贯彻预防为主、防消结合的方针，按照政府统一领导、部门依法监管、单位全面负责、公民积极参与的原则，实行消防安全责任制，建立健全社会化的消防工作网络。这是消防工作实践经验的总结和客观规律的反映，也是对四个层面主体消防安全责任的概括体现。政府、部门、单位、公民四者都是消防工作的主体，政府负领导责任，部门负监管责任，单位负主体责任，公民有参与的权利和义务。

（一）政府消防工作职责

《消防法》第三条规定：国务院领导全国的消防工作。地方各级人民政府负责本行政区域内的消防工作。各级人民政府应当将消防工作纳入国民经济和社会发展计划，保障消防工作与经济社会发展相适应。这是关于各级人民政府消防工作责任的原则性规定。《消防法》在宏观规划、火灾预防、农村消防工作、消防组织建设、灭火救援、执法监督等方面，对政府的具体消防工作责任作出了明确的规定。

（二）应急管理部门职责

《消防法》第六条规定：应急管理部门及消防救援机构应当加强消防法律、法规的宣传，并督促、指导、协助有关单位做好消防宣传教育工作。

《消防法》第十五条规定：公众聚集场所未经消防救援机构许可的，不得投入使用、营业。消防安全检查的具体办法，由国务院应急管理部门制定。

《消防法》第十七条规定：县级以上地方人民政府消防救援机构应当将发生火灾可能性较大以及发生火灾可能造成重大的人身伤亡或者财产损失的单位，确定为本行政区域内的消防安全重点单位，并由应急管理部门报本级人民政府备案。

《消防法》第二十四条规定：依照本条规定经强制性产品认证合格或者技术鉴定合格的消防产品，国务院应急管理部门应当予以公布。

《消防法》在总则、火灾预防、监督检查等条款中对应急管理部门的职责作出了规定，如对辖区的消防工作进行监督管理；应当加强消防法律、法规的宣传，并督促、指导、协助有关单位做好消防宣传教育工作；对消防安全重点单位报本级人民政府备案；制定和公布消防产品相关政策；向本级人民政府书面报告重大火灾隐患等。

（三）单位消防安全职责

《消防法》第六条规定：各级人民政府应当组织开展经常性的消防宣传教育，提高公民的消防安全意识。

机关、团体、企业、事业等单位，应当加强对本单位人员的消防宣传教育。

应急管理部门及消防救援机构应当加强消防法律、法规的宣传，并督促、指导、协助有关单位做好消防宣传教育工作。

教育、人力资源行政主管部门和学校、有关职业培训机构应当将消防知识纳入教育、教学、培训的内容。

新闻、广播、电视等有关单位，应当有针对性地面向社会进行消防宣传教育。

工会、共产主义青年团、妇女联合会等团体应当结合各自工作对象的特点，组织开展消防宣传教育。

村民委员会、居民委员会应当协助人民政府以及公安机关、应急管理等部门，加强消防宣传教育。

该条对机关、团体、企业、事业等单位在保障消防安全方面的职责作出了明确规定，指出单位的主要负责人是本单位的消防安全责任人，任何单位都应当无偿为报警提供便利，不得阻拦报警，严禁谎报火警；发生火灾的单位，必须立即组织力量扑救火灾，邻近单位应当给予支援；火灾扑灭后，发生火灾的单位和相关人员应当按照消防救援机构的要求保护现场，接受事故调查，如实提供与火灾有关的情况。

【典型案例】

预防为主，生命至上

——广西南宁某中职学校开展 2023 年秋季学期应急消防演练活动

2023 年 11 月 17 日下午，广西南宁某中职学校开展 2023 年秋季学期应急消防演练活动。演练开始前，学校邀请了兴宁区消防大队消防指战员为全体学生开展消防安全、应急疏散知识讲座，如图 2-1 所示。2023 级部分班级学生在学校会议室现场聆听讲座，其余班级学生在教室观看讲座直播。讲座对校园防火常识、灭火方法及火场逃生技能进行了详细讲解，让学生理解和掌握应急消防知识。

在火灾警报拉响后，学生们在班主任的组织下，用湿毛巾或衣物捂住口鼻，弯着身体，按照既定逃生路线有序、迅速地撤离到室外安全地带。各班清点人数、整理队伍后，消防指战员对本次演练情况进行总结，并提出了宝贵意见。

逃生演练结束后，消防指战员进行灭火器使用现场教学，全体班主任、教官、各班级安全委员等在消防指战员的指导下进行灭火器实操训练，进一步巩固了消防安全知识的掌握与运用，如图 2-2 所示。

图 2-1　消防知识讲座

图 2-2　灭火器使用实操演练

【问题】 该学校开展应急消防演练活动体现了《消防法》哪个层面主体的安全责任?

【解析】 该学校落实了《消防法》第六条的规定:教育、人力资源行政主管部门和学校、有关职业培训机构应当将消防知识纳入教育、教学、培训的内容。学校坚决贯彻落实习近平总书记关于安全生产的重要指示精神,通过演练活动增强了师生"预防为主、生命至上"的防火安全意识和逃生自救能力,切实增强了"时时放心不下"的责任感,狠抓"事事安全为主"措施的落实,筑牢校园安全防火墙,为学校各项事业的新发展提供更加有力的安全保障。

(四)公民的权利和义务

《消防法》第五条规定:任何单位和个人都有维护消防安全、保护消防设施、预防火灾、报告火警的义务。任何单位和成年人都有参加有组织的灭火工作的义务。公民是消防工作重要的参与者和监督者,任何人不得损坏、挪用或者擅自拆除、停用消防设施、器材,不得埋压、圈占、遮挡消火栓或者占用防火间距,不得占用、堵塞、封闭疏散通道、安全出口、消防车通道;任何人发现火灾都应当立即报警;任何人都应当无偿为报警提供便利,不得阻拦报警,严禁谎报火警。

三、适用范围

《消防法》是我国消防工作中最根本的行政法律,是制定消防法规、消防规章和其他规范性文件的重要依据,也是全社会在消防安全方面必须共同遵守的行为规范。同时,考虑到森林、草原的消防工作有其自身特点,《消防法》第四条指出:法律、行政法规对森林、草原的消防工作另有规定的,从其规定。这里的"法律、行政法规"主要是指《中华人民共和国森林法》《中华人民共和国草原法》《森林防火条例》《草原防火条例》)。

四、政策支持

《消防法》第七条规定:国家鼓励、支持消防科学研究和技术创新,推广使用先进的消防和应急救援技术、设备;鼓励、支持社会力量开展消防公益活动。对在消防工作中有突出贡献的单位和个人,应当按照国家有关规定给予表彰和奖励。

【素养园地】

智能安全头盔

在火场中,每一秒都可能是生与死的分界。消防员作为守护人民生命财产安全的英雄,他们的个人安全同样至关重要。随着科技的进步,智能安全头盔已经成为消防员们不可或缺的装备,如图2-3所示。

智能安全头盔具有以下优势:

(1)能够为消防员提供更清晰的视野和更准确的定位。当浓烟遮天蔽日,能见度极低时,集成在头盔上的照明和热成像系统可以帮助消防员辨识

图2-3 智能安全头盔实物图

环境，寻找火源和受困人员。同时，利用 RTK 定位技术（实时动态差分定位技术），指挥中心可以精确掌握每位消防员的位置信息，一旦发生紧急情况，能够迅速进行有效的救援。

（2）通信稳定，畅通无阻。智能安全头盔内置的通信系统确保了消防员与外界的联系不会中断，即使在恶劣的环境中也能保持畅通无阻的交流。它让指挥命令、现场信息和同伴间的协调变得清晰而及时，大大提高了救援效率和团队协作的安全性。

（3）可以实时监控消防员的生命体征。这一功能对于预防因高温、浓烟等恶劣环境造成的健康威胁至关重要。一旦检测到异常，比如消防员体温过高或心率异常，队友和指挥官可以立即得到通知，并采取必要措施保护消防员的生命安全。

（4）紧急情况下快速响应。遇到危急时刻，消防员可以通过智能安全头盔上的"一键SOS"功能向指挥中心发出求救信号，并启动定位装置，确保在消防员无法发声的情况下，救援队伍也能精准找到消防员进行救助。

【素养启示】 国家鼓励、支持消防科学研究和技术创新，推广使用先进的消防和应急救援技术、设备，如研发智能安全头盔、消防机器人、消防无人机、消防机器狗等。这些先进的消防设备不仅可以提高灭火救援的效率，还能有效地保护消防救援人员的生命安全，减少事故现场人员伤亡和财产损失。

单元二 火灾预防

根据我国消防工作"预防为主、防消结合"的方针，火灾预防是消防工作的重点，也是基础。《消防法》关于火灾预防的规定对加强消防安全管理，落实防火安全责任制，预防火灾事故，保护公民人身、公共财产和公民财产安全是十分必要的。

一、地方各级人民政府组织实施城乡消防规划、消防建设的规定

《消防法》第八条规定：地方各级人民政府应当将包括消防安全布局、消防站、消防供水、消防通信、消防车通道、消防装备等内容的消防规划纳入城乡规划，并负责组织实施。城乡消防安全布局不符合消防安全要求的，应当调整、完善；公共消防设施、消防装备不足或者不适应实际需要的，应当增建、改建、配置或者进行技术改造。

该条体现了城乡并重、城乡统筹发展的思想。城乡规划，包括城镇体系规划、城市规划、城镇规划、乡规划和村庄规划。规划的形式分为总体规划、分区规划、近期建设规划、控制性详细规划、修建性详细规划等。在城乡规划的各个层面和各个阶段都应当包括消防规划的内容。

二、建设工程消防监督管理制度的规定

《消防法》第九条至第十三条，是关于建设工程消防设计、审核、施工及验收的规定，明确规定了建设工程必须进行消防设计审核和消防验收的制度；同时，也明确了住房和城乡建设主管部门的职责，如审验哪些工程，具体的审验和备案等行政审批的内容，以及备案抽查、监督管理等内容。

1. 明确了建设工程消防质量的责任主体以及责任

《消防法》第九条规定：建设工程的消防设计、施工必须符合国家工程建设消防技术标准。建设、设计、施工、工程监理等单位依法对建设工程的消防设计、施工质量负责。

建设工程的消防设计和施工应严格遵循消防技术标准，这是保障建筑物在火灾发生时能够发挥应有的防护功能，保护人员生命安全和财产安全的基础，确保建筑物适应现代社会对消防安全的高要求，有效应对各种可能的火灾风险。该条明确了建设、设计、施工、工程监理等单位在建设工程消防工作中的责任主体地位，明晰了建设工程的消防质量责任。

2. 界定了建设工程消防设计审核、消防验收行政许可的范围

《消防法》第十一条规定：国务院住房和城乡建设主管部门规定的特殊建设工程，建设单位应当将消防设计文件报送住房和城乡建设主管部门审查，住房和城乡建设主管部门依法对审查的结果负责。

前款规定以外的其他建设工程，建设单位申请领取施工许可证或者申请批准开工报告时应当提供满足施工需要的消防设计图纸及技术资料。

住房和城乡建设主管部门依法对审核的结果负责。为确保权责统一，《消防法》对住房和城乡建设主管部门履行职责提出了明确要求。住房和城乡建设主管部门必须坚持原则、认真负责，严格依照消防法律、法规和消防技术标准进行消防设计审核。

3. 明确对其他建设工程的消防设计和消防验收实行备案抽查制度

《消防法》第十三条规定：国务院住房和城乡建设主管部门规定应当申请消防验收的建设工程竣工，建设单位应当向住房和城乡建设主管部门申请消防验收。

前款规定以外的其他建设工程，建设单位在验收后应当报住房和城乡建设主管部门备案，住房和城乡建设主管部门应当进行抽查。

依法应当进行消防验收的建设工程，未经消防验收或者消防验收不合格的，禁止投入使用；其他建设工程经依法抽查不合格的，应当停止使用。

这里所规定的备案不属于行政许可，不影响建设单位领取施工许可证后的开工和验收合格后的投入使用。

减少行政许可事项，适应转变政府职能的要求，在保障人员密集场所和特殊建设工程消防安全的同时，加大抽查力度，督促建设单位、设计单位、施工单位、工程监理单位及其有关人员树立责任主体意识，自觉遵守消防法规和消防技术标准，保证建设工程消防设计、施工质量。

4. 明确了未经依法审核、验收或者审核、验收不合格，或者备案抽查不合格的有关部门、单位的责任

《消防法》第十二条规定：特殊建设工程未经消防设计审查或者审查不合格的，建设单位、施工单位不得施工；其他建设工程，建设单位未提供满足施工需要的消防设计图纸及技术资料的，有关部门不得发放施工许可证或者批准开工报告。

《消防法》第十三条规定：国务院住房和城乡建设主管部门规定应当申请消防验收的建设工程竣工，建设单位应当向住房和城乡建设主管部门申请消防验收。

前款规定以外的其他建设工程，建设单位在验收后应当报住房和城乡建设主管部门备案，住房和城乡建设主管部门应当进行抽查。

依法应当进行消防验收的建设工程，未经消防验收或者消防验收不合格的，禁止投入使用；其他建设工程经依法抽查不合格的，应当停止使用。

【典型案例】

未经消防设计审核擅自施工，该罚！

某房地产开发有限公司开发的某广场建筑工程未经消防设计审核擅自施工，经消防救援机构责令限期改正后，仍在违法施工。

【问题】 该公司的行为违反了哪些规定？应当如何处罚？

【解析】 该公司的行为违反了《消防法》第十二条规定：特殊建设工程未经消防设计审查或者审查不合格的，建设单位、施工单位不得施工；其他建设工程，建设单位未提供满足施工需要的消防设计图纸及技术资料的，有关部门不得发放施工许可证或者批准开工报告。未经审核即开始施工，住房和城乡建设主管部门可以对该公司责令停止施工、停止使用或者停产停业，并处三万元以上三十万元以下罚款。

三、公众聚集场所消防安全检查的规定

《消防法》第十五条规定：公众聚集场所投入使用、营业前消防安全检查实行告知承诺管理。公众聚集场所在投入使用、营业前，建设单位或者使用单位应当向场所所在地的县级以上地方人民政府消防救援机构申请消防安全检查，作出场所符合消防技术标准和管理规定的承诺，提交规定的材料，并对其承诺和材料的真实性负责。

消防救援机构对申请人提交的材料进行审查；申请材料齐全、符合法定形式的，应当予以许可。消防救援机构应当根据消防技术标准和管理规定，及时对作出承诺的公众聚集场所进行核查。

申请人选择不采用告知承诺方式办理的，消防救援机构应当自受理申请之日起十个工作日内，根据消防技术标准和管理规定，对该场所进行检查。经检查符合消防安全要求的，应当予以许可。

公众聚集场所未经消防救援机构许可的，不得投入使用、营业。消防安全检查的具体办法，由国务院应急管理部门制定。

根据该条规定，单位在公众聚集场所投入使用、营业前可选择两种审批方式：一种是告知承诺，即单位按要求承诺后，消防救援机构审查材料后即予以许可，随后进行核查；另一种是单位不采用告知承诺方式的，在提报申请材料后，由消防救援机构在规定期限进行检查，并作出许可。该条主要基于"放管服"改革的要求，对单位提供了选择上的便利。

四、单位应当履行的消防安全职责的规定

《消防法》第十六条规定：机关、团体、企业、事业等单位应当履行下列消防安全职责：

（1）落实消防安全责任制，制定本单位的消防安全制度、消防安全操作规程，制定灭火和应急疏散预案。

（2）按照国家标准、行业标准配置消防设施、器材，设置消防安全标志，并定期组织

检验、维修，确保完好有效。

（3）对建筑消防设施每年至少进行一次全面检测，确保完好有效，检测记录应当完整准确，存档备查。

（4）保障疏散通道、安全出口、消防车通道畅通，保证防火防烟分区、防火间距符合消防技术标准。

（5）组织防火检查，及时消除火灾隐患。

（6）组织进行有针对性的消防演练。

（7）法律、法规规定的其他消防安全职责。

单位的主要负责人是本单位的消防安全责任人。

单位是组成社会的基本单元，其在消防安全管理工作中的主体地位和作用是政府监管部门无法替代的。常见的消防设施、器材如图2-4所示。

图2-4 常见的消防设施、器材

该条明确了单位消防安全职责，对于加强单位的消防安全管理、落实单位消防安全责任，推进消防工作社会化和规范化，预防和减少火灾危害，增强全民的消防安全意识，促进全社会加强消防安全工作，具有重要作用。因此，总结消防工作实践经验，该条对单位的消防安全职责作了七个方面的规定。该条规定单位的主要负责人是本单位的消防安全责任人。"单位的主要负责人"是指法人单位的法定代表人或者非法人单位的主要负责人，消防安全责任人应对本单位的消防安全工作全面负责。

五、消防安全重点单位的规定

《消防法》第十七条规定：县级以上地方人民政府消防救援机构应当将发生火灾可能性较大以及发生火灾可能造成重大的人身伤亡或者财产损失的单位，确定为本行政区域内的消防安全重点单位，并由应急管理部门报本级人民政府备案。

消防安全重点单位除应当履行本法第十六条规定的职责外，还应当履行下列消防安全职责：

（1）确定消防安全管理人，组织实施本单位的消防安全管理工作。

（2）建立消防档案，确定消防安全重点部位，设置防火标志，实行严格管理。

（3）实行每日防火巡查，并建立巡查记录。

（4）对职工进行岗前消防安全培训，定期组织消防安全培训和消防演练。

消防安全重点单位要根据发生火灾的危险性以及一旦发生火灾可能造成的危害后果来确定。通常，由省级消防救援机构根据当地经济社会发展的情况和实际，确定并公布本地区消防安全重点单位的界定标准。

各级人民政府消防救援机构是政府实施消防管理的职能部门。根据该条规定，县级以上地方各级人民政府消防救援机构负责确定本行政区域内的消防安全重点单位，"并由应急管理部门报本级人民政府备案"，使应急管理部门和本级人民政府对本辖区的消防安全重点单位心中有数，从而更好地履行政府对消防工作的领导职责。

六、共用建筑物和消防设施的管理或使用单位消防安全责任的规定

《消防法》第十八条规定：同一建筑物由两个以上单位管理或者使用的，应当明确各方的消防安全责任，并确定责任人对共用的疏散通道、安全出口、建筑消防设施和消防车通道进行统一管理。

住宅区的物业服务企业应当对管理区域内的共用消防设施进行维护管理，提供消防安全防范服务。

该条第一款规定了两个以上单位管理或者使用同一建筑物的消防安全要求。多产权建筑中的每个单位，都应当依法履行法定的消防安全职责。对共用的疏散通道、安全出口、建筑消防设施和消防车通道，要求进行统一管理。统一管理的具体方法，既可以由各个管理人或使用人成立消防安全组织来进行管理，也可以委托其中的一家单位负责管理，或者共同委托物业管理企业进行统一管理。

该条第二款规定了住宅区的物业服务企业应当履行消防安全管理职责，考虑到居民住宅的特殊性，《消防法》规定了住宅区的物业服务企业的法定消防安全职责，有利于保障居民住宅楼的消防安全。

七、特殊场所消防安全的规定

《消防法》第十九条规定：生产、储存、经营易燃易爆危险品的场所不得与居住场所设置在同一建筑物内，并应当与居住场所保持安全距离。

生产、储存、经营其他物品的场所与居住场所设置在同一建筑物内的，应当符合国家工程建设消防技术标准。

该条第一款规定了禁止生产、储存、经营易燃易爆危险品的场所与居住场所设置在同一建筑物内；第二款规定了生产、储存、经营其他物品的场所与居住场所设置在同一建筑物内的，应当符合消防技术标准的要求。

八、消防产品监督管理的规定

《消防法》第二十四条规定：消防产品必须符合国家标准；没有国家标准的，必须符合行业标准。禁止生产、销售或者使用不合格的消防产品以及国家明令淘汰的消防产品。

依法实行强制性产品认证的消防产品，由具有法定资质的认证机构按照国家标准、行业标准的强制性要求认证合格后，方可生产、销售、使用。实行强制性产品认证的消防产品目

录,由国务院产品质量监督部门会同国务院应急管理部门制定并公布。

新研制的尚未制定国家标准、行业标准的消防产品,应当按照国务院产品质量监督部门会同国务院应急管理部门规定的办法,经技术鉴定符合消防安全要求的,方可生产、销售、使用。

依照本条规定经强制性产品认证合格或者技术鉴定合格的消防产品,国务院应急管理部门应当予以公布。

该条明确了消防产品的市场准入制度。国家对纳入强制性产品认证目录的消防产品,实行强制性产品认证制度。对新研制的尚未制定国家标准、行业标准的消防产品,实行消防产品技术鉴定制度。

九、日常消防安全行为规范

《消防法》第二十一条规定:禁止在具有火灾、爆炸危险的场所吸烟、使用明火。因施工等特殊情况需要使用明火作业的,应当按照规定事先办理审批手续,采取相应的消防安全措施;作业人员应当遵守消防安全规定。

进行电焊、气焊等具有火灾危险作业的人员和自动消防系统的操作人员,必须持证上岗,并遵守消防安全操作规程。

《消防法》第二十六条规定:建筑构件、建筑材料和室内装修、装饰材料的防火性能必须符合国家标准;没有国家标准的,必须符合行业标准。

人员密集场所室内装修、装饰,应当按照消防技术标准的要求,使用不燃、难燃材料。

《消防法》第二十七条规定:电器产品、燃气用具的产品标准,应当符合消防安全的要求。

电器产品、燃气用具的安装、使用及其线路、管路的设计、敷设、维护保养、检测,必须符合消防技术标准和管理规定。

《消防法》第二十八条规定:任何单位、个人不得损坏、挪用或者擅自拆除、停用消防设施、器材,不得埋压、圈占、遮挡消火栓或者占用防火间距,不得占用、堵塞、封闭疏散通道、安全出口、消防车通道。人员密集场所的门窗不得设置影响逃生和灭火救援的障碍物。

【典型案例】

违规封堵安全出口,危险!

某商场在营业期间,为了防止货物被盗,将部分安全出口用货架和货物封堵。商场管理人员认为这些安全出口平时很少使用,且认为有其他疏散通道可供顾客和员工逃生,因此没有意识到这种行为的危险性。

【问题】 该商场的行为违反了哪些规定?

【解析】 该公司的行为违反了《消防法》第二十八条规定:任何单位、个人不得损坏、挪用或者擅自拆除、停用消防设施、器材,不得埋压、圈占、遮挡消火栓或者占用防火间距,不得占用、堵塞、封闭疏散通道、安全出口、消防车通道。人员密集场所的门窗不得设置影响逃生和灭火救援的障碍物。

单元三 消 防 组 织

《消防法》在消防组织方面规定了建立多种形式消防组织的原则，建立国家综合性消防救援队、专职消防队和志愿消防队的要求与责任，消防队的基本任务，以及专职消防队、志愿消防队的法律关系等，以保证一旦发生火灾和其他灾害事故时能够迅速有效地施救，增强火灾扑救和应急救援能力。

一、多种形式的消防组织

《消防法》第三十五条规定：各级人民政府应当加强消防组织建设，根据经济社会发展的需要，建立多种形式的消防组织，加强消防技术人才培养，增强火灾预防、扑救和应急救援的能力。

《消防法》第三十六条规定：县级以上地方人民政府应当按照国家规定建立国家综合性消防救援队、专职消防队，并按照国家标准配备消防装备，承担火灾扑救工作。

多种形式的消防组织

乡镇人民政府应当根据当地经济发展和消防工作的需要，建立专职消防队、志愿消防队，承担火灾扑救工作。

（一）国家综合性消防救援队

国家综合性消防救援队由县级以上地方人民政府按照国家规定建立，是消防工作的核心力量，承担重大灾害事故和其他以抢救人员生命为主的应急救援工作。应急管理部等十三部门联合印发的《关于做好国家综合性消防救援队伍人员有关优待工作的通知》（应急〔2019〕84号），明确了国家综合性消防救援队伍人员应享有的福利待遇。

（二）专职消防队

1. 应建立专职消防队的企业、事业单位范围及其专职消防队任务的规定

《消防法》第三十九条规定：下列单位应当建立单位专职消防队，承担本单位的火灾扑救工作。

（1）大型核设施单位、大型发电厂、民用机场、主要港口。

（2）生产、储存易燃易爆危险品的大型企业。

（3）储备可燃的重要物资的大型仓库、基地。

（4）第一项、第二项、第三项规定以外的火灾危险性较大、距离国家综合性消防救援队较远的其他大型企业。

（5）距离国家综合性消防救援队较远、被列为全国重点文物保护单位的古建筑群的管理单位。

建立专职消防队，一方面是要保障特殊单位的消防安全，该条款旨在确保一些具有特殊性质、高火灾风险或对国家、社会具有重要意义的单位，能够具备足够的消防力量来应对可能发生的火灾事故，最大限度地减少火灾造成的人员伤亡、财产损失以及对社会秩序和公共安全的影响；另一方面是弥补公共消防救援力量的不足，在一些情况下国家综合性消防救援队可能无法立即到达较远的地区，这些单位建立专职消防队可以在第一时间进行火灾扑救，争取宝贵的救援时间，提高灭火效率。

2. 专职消防队的建立规定以及专职消防队队员依法享受的待遇规定

《消防法》第四十条规定：专职消防队的建立，应当符合国家有关规定，并报当地消防救援机构验收。

专职消防队的队员依法享受社会保险和福利待遇。

该条第一款规定了专职消防队的建设验收机构为当地消防救援机构；第二款以法律的形式规定了专职消防队的队员应享受的社会保险和福利待遇。有关地方人民政府或者单位还应按照《中华人民共和国劳动合同法》及其他劳动、社会保障规章制度认真落实专职消防队队员的社会保险和福利待遇，使专职消防队队员依法获得与其工作性质、劳动强度相适应的工资、福利待遇，确保专职消防队伍的稳定和健康发展，保障专职消防队队员的合法权益。

（三）志愿消防队

《消防法》第四十一条规定：机关、团体、企业、事业等单位以及村民委员会、居民委员会根据需要，建立志愿消防队等多种形式的消防组织，开展群众性自防自救工作。社会各单位以及基层群众性自治组织可建立消防组织，开展群众性自防自救工作。志愿消防队通常由单位员工、社区居民等志愿者组成，他们在日常消防宣传、初起火灾扑救等方面发挥着重要作用。

二、消防组织的管理与指导

《消防法》第四十二条规定：消防救援机构应当对专职消防队、志愿消防队等消防组织进行业务指导；根据扑救火灾的需要，可以调动指挥专职消防队参加火灾扑救工作。

单元四　灭火救援

《消防法》在灭火救援方面规定了发现火灾时公民的报警及为报警提供便利的义务，接到火警后消防队的责任，扑救火灾时县级以上地方人民政府、消防救援机构的职责，消防车（艇）执行灭火救援任务时的交通特别行驶权，消防救援机构对火灾事故调查的职责以及起火单位的义务等内容，为灭火救援工作提供了法律保障。

一、灭火救援的组织与指挥

1. 消防救援机构统一组织指挥

《消防法》第四十五条规定：消防救援机构统一组织和指挥火灾现场扑救，应当优先保障遇险人员的生命安全。

火灾现场总指挥根据扑救火灾的需要，有权决定下列事项。

（1）使用各种水源。

（2）截断电力、可燃气体和可燃液体的输送，限制用火用电。

(3) 划定警戒区，实行局部交通管制。

(4) 利用临近建筑物和有关设施。

(5) 为了抢救人员和重要物资，防止火势蔓延，拆除或者破损毗邻火灾现场的建筑物、构筑物或者设施等。

(6) 调动供水、供电、供气、通信、医疗救护、交通运输、环境保护等有关单位协助灭火救援。

根据扑救火灾的紧急需要，有关地方人民政府应当组织人员、调集所需物资支援灭火。

该条明确了消防救援机构统一组织和指挥火灾现场扑救，火灾现场总指挥有权根据扑救需要作出一系列决定，如使用各种水源、截断电力等的输送、划定警戒区、利用临近建筑设施、拆除或破损毗邻火灾现场的建（构）筑物等，还可调动相关单位协助灭火救援，有关地方人民政府应根据扑救火灾的紧急需要，组织人员、调集物资支援灭火。

2. 政府统一领导应急救援

《消防法》第四十六条规定：国家综合性消防救援队、专职消防队参加火灾以外的其他重大灾害事故的应急救援工作，由县级以上人民政府统一领导。火灾以外的其他重大灾害事故的抢险救援工作政策性强、需要专业救援力量多，如果处理不当，会造成更大的损失和一定的政治与社会影响，这类灾害事故的抢险救援一般由当地人民政府统一领导。

二、灭火救援的保障

1. 地方政府应急预案与保障

《消防法》第四十三条规定：县级以上地方人民政府应当组织有关部门针对本行政区域内的火灾特点制定应急预案，建立应急反应和处置机制，为火灾扑救和应急救援工作提供人员、装备等保障。

灭火救援的保障、责任与义务

该条与《中华人民共和国突发事件应对法》的有关规定是相互衔接的，既体现了我国法制的统一性，又体现了我国对制定灭火救援应急预案、建立应急反应和处置机制的高度重视。县级以上地方人民政府应当为火灾扑救和应急救援工作提供人员、装备等保障的规定，是消防救援机构提请政府增加编制、改善装备的法律依据。同时，也意味着灾害发生时，政府可以调用社会可用的一切资源为灭火救援工作提供保障。

2. 交通及运输优先保障

《消防法》第四十七条规定：消防车、消防艇前往执行火灾扑救或者应急救援任务，在确保安全的前提下，不受行驶速度、行驶路线、行驶方向和指挥信号的限制，其他车辆、船舶以及行人应当让行，不得穿插超越；收费公路、桥梁免收车辆通行费。交通管理指挥人员应当保证消防车、消防艇迅速通行。

赶赴火灾现场或者应急救援现场的消防人员和调集的消防装备、物资，需要铁路、水路或者航空运输的，有关单位应当优先运输。

消防车、消防艇执行任务的性质决定了其在赶赴灾害现场时必须争分夺秒，以最大限度减少人员伤亡和财产损失，该条为消防车、消防艇执行公务时的交通特别行驶权提供了法律保障。

三、灭火救援的责任与义务

1. 报警、疏散与灭火的义务

《消防法》第四十四条规定：任何人发现火灾都应当立即报警。任何单位、个人都应当无偿为报警提供便利，不得阻拦报警。严禁谎报火警。

人员密集场所发生火灾，该场所的现场工作人员应当立即组织、引导在场人员疏散。

任何单位发生火灾，必须立即组织力量扑救。邻近单位应当给予支援。

消防队接到火警，必须立即赶赴火灾现场，救助遇险人员，排除险情，扑灭火灾。

任何人发现火灾都应当立即报警，而不是等火势失去控制了才报警。人员密集场所发生火灾时，该场所的现场工作人员应当立即组织、引导在场人员疏散，如图2-5所示，这是现场工作人员的责任和义务。无论哪种形式的火灾，都包括着火、火势增大、烟气蔓延、火焰熄灭等过程，一般把火灾的发展大体分成初期增长阶段、充分发展阶段及减弱阶段。在初期增长阶段，火区的面积不大，如果不及时扑救，火区将逐渐增大，火灾会发展到充分发展阶段，此时火势往往会失去控制。所以，任何单位发生火灾，必须立即组织力量扑救，邻近单位应当给予支援，如图2-6所示。

图2-5　组织火灾现场人员疏散示意　　　　图2-6　组织力量扑救火灾示意

2. 保护现场与配合调查责任

《消防法》第五十一条规定：消防救援机构有权根据需要封闭火灾现场，负责调查火灾原因，统计火灾损失。

火灾扑灭后，发生火灾的单位和相关人员应当按照消防救援机构的要求保护现场，接受事故调查，如实提供与火灾有关的情况。

消防救援机构根据火灾现场勘验、调查情况和有关的检验、鉴定意见，及时制作火灾事故认定书，作为处理火灾事故的证据。

四、灭火救援的权益保障

1. 费用规定

《消防法》第四十九条规定：国家综合性消防救援队、专职消防队扑救火灾、应急救援，不得收取任何费用。

单位专职消防队、志愿消防队参加扑救外单位火灾所损耗的燃料、灭火剂和器材、装备等，由火灾发生地的人民政府给予补偿。

2. 人员抚恤

《消防法》第五十条规定：对因参加扑救火灾或者应急救援受伤、致残或者死亡的人员，按照国家有关规定给予医疗、抚恤。

【素养园地】

坚持以人民为中心，保障人民生命安全

2023年5月，某市的一个居民小区发生了一起严重的火灾事故。由于小区内电线老化，一家住户的电器突然起火，火势迅速蔓延至整个单元楼。当时正值晚上，许多居民被困在家中，情况十分危急。

火灾发生后，消防部门接到报警，迅速出动了多辆消防车和数十名消防员，第一时间赶到了火灾现场。消防车在警报声中疾驰，第一时间到达火灾现场，展现出了极高的响应速度。现场指挥员迅速对火灾情况进行评估，制订了科学合理的救援方案：一方面，组织消防员利用高压水枪和灭火泡沫对火势进行压制，防止火势蔓延；另一方面，成立多个救援小组，深入大楼内部搜索被困人员。

消防员们不顾个人安危，迅速投入到灭火和救援行动中。他们身着厚重的消防服，携带救援装备，冒着浓烟和高温，冲入火场进行搜救。他们逐层逐户敲门，确保不遗漏任何一个可能的被困者。在搜救过程中，消防员们发现了一位被困在三楼的老人。由于老人行动不便，消防员毫不犹豫地背起老人，迅速将其转移到了安全地带。经过数小时的奋战，火势最终被成功控制并扑灭。所有被困居民都得到了及时的疏散和救治，没有造成人员伤亡。

这次救援行动得到了社会各界的广泛赞誉。市民们纷纷表示，消防员们是"最美逆行者"，他们用自己的行动诠释了"人民至上、生命至上"的崇高理念。

【素养启示】 这个案例展现了消防员们在面对火灾时的英勇无畏和专业素养，他们始终把人民的生命安全放在首位，不畏艰险，全力以赴地进行救援。这不仅是对消防员职责的忠实履行，也是对"以人民为中心"理念的生动体现。

单元五　监督检查

《消防法》中设置监督检查条款的主要目的在于确保消防安全工作的有效落实，及时发现并消除火灾隐患，保障人民生命财产安全和公共安全。

一、监督检查的主体与职责范围

1. 政府的工作职责

《消防法》第五十二条规定：地方各级人民政府应当落实消防工作责任制，对本级人民政府有关部门履行消防安全职责的情况进行监督检查。

县级以上地方人民政府有关部门应当根据本系统的特点，有针对性地开展消防安全检

查，及时督促整改火灾隐患。

2. 消防救援机构和公安派出所的工作职责

《消防法》第五十三条规定：消防救援机构应当对机关、团体、企业、事业等单位遵守消防法律、法规的情况依法进行监督检查。公安派出所可以负责日常消防监督检查、开展消防宣传教育，具体办法由国务院公安部门规定。

消防救援机构、公安派出所的工作人员进行消防监督检查，应当出示证件。

"日常消防监督检查"是指对单位履行职责情况进行的监督检查，不包括消防行政许可、火灾事故调查等其他消防监督职责。

二、监督检查中的具体措施与要求

1. 发现火灾隐患的处理

《消防法》第五十四条规定：消防救援机构在消防监督检查中发现火灾隐患的，应当通知有关单位或者个人立即采取措施消除隐患；不及时消除隐患可能严重威胁公共安全的，消防救援机构应当依照规定对危险部位或者场所采取临时查封措施。赋予消防救援机构采取临时查封措施的权利，是加强对火灾隐患监督检查的责任力度的实际需要，同时也是预防火灾工作落到实处的实际需要。对危险部位或者场所采取临时查封措施是一种临时性的行政强制措施，而不是行政处罚，采取的临时查封措施应当符合有关规定。

2. 城乡消防安全布局、公共消防设施不符合消防安全要求及存在重大火灾隐患的规定

《消防法》第五十五条规定：消防救援机构在消防监督检查中发现城乡消防安全布局、公共消防设施不符合消防安全要求，或者发现本地区存在影响公共安全的重大火灾隐患的，应当由应急管理部门书面报告本级人民政府。

接到报告的人民政府应当及时核实情况，组织或者责成有关部门、单位采取措施，予以整改。

3. 对消防设计审查、验收等的规定

《消防法》第五十六条规定：住房和城乡建设主管部门、消防救援机构及其工作人员应当按照法定的职权和程序进行消防设计审查、消防验收、备案抽查和消防安全检查，做到公正、严格、文明、高效。

住房和城乡建设主管部门、消防救援机构及其工作人员进行消防设计审查、消防验收、备案抽查和消防安全检查等，不得收取费用，不得利用职务谋取利益；不得利用职务为用户、建设单位指定或者变相指定消防产品的品牌、销售单位或者消防技术服务机构、消防设施施工单位。

三、对监督检查主体的监督

《消防法》第五十七条规定：住房和城乡建设主管部门、消防救援机构及其工作人员执行职务，应当自觉接受社会和公民的监督。

任何单位和个人都有权对住房和城乡建设主管部门、消防救援机构及其工作人员在执法中的违法行为进行检举、控告。收到检举、控告的机关，应当按照职责及时查处。

单元六　法律责任

《消防法》在法律责任方面规定了违法的具体行为及应受何种处罚、处罚的对象、处罚的决定机关，确保消防法律法规得到有效遵守，并对违反《消防法》规定的行为进行惩处，以维护公共安全和消防安全秩序。

一、针对建设工程相关违法行为的处罚规定

1. 不符合消防设计审核、消防验收、消防安全检查以及消防备案的要求等情况

《消防法》第五十八条规定：违反本法规定，有下列行为之一的，由住房和城乡建设主管部门、消防救援机构按照各自职权责令停止施工、停止使用或者停产停业，并处三万元以上三十万元以下罚款。

（1）依法应当进行消防设计审查的建设工程，未经依法审查或者审查不合格，擅自施工的。

（2）依法应当进行消防验收的建设工程，未经消防验收或者消防验收不合格，擅自投入使用的。

（3）本法第十三条规定的其他建设工程验收后经依法抽查不合格，不停止使用的。

（4）公众聚集场所未经消防救援机构许可，擅自投入使用、营业的，或者经核查发现场所使用、营业情况与承诺内容不符的。

核查发现公众聚集场所使用、营业情况与承诺内容不符，经责令限期改正，逾期不整改或者整改后仍达不到要求的，依法撤销相应许可。

建设单位未依照本法规定在验收后报住房和城乡建设主管部门备案的，由住房和城乡建设主管部门责令改正，处五千元以下罚款。

2. 不符合消防设计、施工及工程监理的要求等情况

《消防法》第五十九条规定：违反本法规定，有下列行为之一的，由住房和城乡建设主管部门责令改正或者停止施工，并处一万元以上十万元以下罚款。

（1）建设单位要求建筑设计单位或者建筑施工企业降低消防技术标准设计、施工的。

（2）建筑设计单位不按照消防技术标准强制性要求进行消防设计的。

（3）建筑施工企业不按照消防设计文件和消防技术标准施工，降低消防施工质量的。

（4）工程监理单位与建设单位或者建筑施工企业串通，弄虚作假，降低消防施工质量的。

二、对易燃易爆危险品相关违法行为的处罚规定

1. 生产、储存、经营易燃易爆危险品和其他物品的场所不符合要求

《消防法》第六十一条规定：生产、储存、经营易燃易爆危险品的场所与居住场所设置在同一建筑物内，或者未与居住场所保持安全距离的，责令停产停业，并处五千元以上五万元以下罚款。

生产、储存、经营其他物品的场所与居住场所设置在同一建筑物内，不符合消防技术标准的，依照前款规定处罚。

2. 在特定危险场所的行为不符合要求

《消防法》第六十三条规定：违反本法规定，有下列行为之一的，处警告或者五百元以下罚款；情节严重的，处五日以下拘留。

（1）违反消防安全规定进入生产、储存易燃易爆危险品场所的。

（2）违反规定使用明火作业或者在具有火灾、爆炸危险的场所吸烟、使用明火的。

三、对单位和个人违法行为的处罚规定

1. 单位和个人违反消防安全职责、义务的行为

《消防法》第六十条规定：单位违反本法规定，有下列行为之一的，责令改正，处五千元以上五万元以下罚款。

（1）消防设施、器材或者消防安全标志的配置、设置不符合国家标准、行业标准，或者未保持完好有效的。

（2）损坏、挪用或者擅自拆除、停用消防设施、器材的。

（3）占用、堵塞、封闭疏散通道、安全出口或者有其他妨碍安全疏散行为的。

（4）埋压、圈占、遮挡消火栓或者占用防火间距的。

（5）占用、堵塞、封闭消防车通道，妨碍消防车通行的。

（6）人员密集场所在门窗上设置影响逃生和灭火救援的障碍物的。

（7）对火灾隐患经消防救援机构通知后不及时采取措施消除的。

个人有前款第二项、第三项、第四项、第五项行为之一的，处警告或者五百元以下罚款。

有本条第一款第三项、第四项、第五项、第六项行为，经责令改正拒不改正的，强制执行，所需费用由违法行为人承担。

【典型案例】

某大型商场消防通道违规堆放物品

某大型商场在营业期间，为了临时堆放货物，将大量的包装箱等物品放置在商场的消防通道上，如图2-7所示。消防部门在日常检查中发现了这一情况，立即责令商场负责人进行整改。然而，商场方面并未充分认识到问题的严重性，整改不及时、不彻底。

图 2-7　某大型商场消防通道违规堆放物品

【问题】 该商场的行为违反了哪些规定？应当如何处罚？

【解析】 该商场的行为违反了《消防法》第二十八条规定：任何单位、个人不得损坏、挪用或者擅自拆除、停用消防设施、器材，不得埋压、圈占、遮挡消火栓或者占用防火间距，不得占用、堵塞、封闭疏散通道、安全出口、消防车通道。人员密集场所的门窗不得设置影响逃生和灭火救援的障碍物。

占用、堵塞、封闭疏散通道、安全出口或者有其他妨碍安全疏散行为的，责令改正，处五千元以上五万元以下罚款。

2. 危害消防安全的行为

《消防法》第六十四条规定：违反本法规定，有下列行为之一，尚不构成犯罪的，处十日以上十五日以下拘留，可以并处五百元以下罚款；情节较轻的，处警告或者五百元以下罚款。

（1）指使或者强令他人违反消防安全规定，冒险作业的。

（2）因过失引起火灾的。

（3）在火灾发生后阻拦报警，或者负有报告职责的人员不及时报警的。

（4）扰乱火灾现场秩序，或者拒不执行火灾现场指挥员指挥，影响灭火救援的。

（5）故意破坏或者伪造火灾现场的。

（6）擅自拆封或者使用被消防救援机构查封的场所、部位的。

3. 生产、销售、使用不合格的或者国家明令淘汰的消防产品的行为

《消防法》第六十五条规定：违反本法规定，生产、销售不合格的消防产品或者国家明令淘汰的消防产品的，由产品质量监督部门或者工商行政管理部门依照《中华人民共和国产品质量法》的规定从重处罚。

人员密集场所使用不合格的消防产品或者国家明令淘汰的消防产品的，责令限期改正；逾期不改正的，处五千元以上五万元以下罚款，并对其直接负责的主管人员和其他直接责任人员处五百元以上二千元以下罚款；情节严重的，责令停产停业。

消防救援机构对于本条第二款规定的情形，除依法对使用者予以处罚外，应当将发现不合格的消防产品和国家明令淘汰的消防产品的情况通报产品质量监督部门、工商行政管理部门。产品质量监督部门、工商行政管理部门应当对生产者、销售者依法及时查处。

4. 电器产品、燃气用具的安装、使用等不符合要求

《消防法》第六十六条规定：电器产品、燃气用具的安装、使用及其线路、管路的设计、敷设、维护保养、检测不符合消防技术标准和管理规定的，责令限期改正；逾期不改正的，责令停止使用，可以并处一千元以上五千元以下罚款。

5. 机关、团体、企业、事业等单位未履行消防安全职责

《消防法》第六十七条规定：机关、团体、企业、事业等单位违反本法第十六条、第十七条、第十八条、第二十一条第二款规定的，责令限期改正；逾期不改正的，对其直接负责的主管人员和其他直接责任人员依法给予处分或者给予警告处罚。

6. 发生火灾的人员密集场所的现场工作人员未履行职责

《消防法》第六十八条规定：人员密集场所发生火灾，该场所的现场工作人员不履行组织、引导在场人员疏散的义务，情节严重，尚不构成犯罪的，处五日以上十日以下拘留。

四、对消防技术服务机构违法行为的处罚规定

1. 消防技术服务机构出具虚假文件或失实文件

《消防法》第六十九条规定：消防设施维护保养检测、消防安全评估等消防技术服务机构，不具备从业条件从事消防技术服务活动或者出具虚假文件的，由消防救援机构责令改正，处五万元以上十万元以下罚款，并对直接负责的主管人员和其他直接责任人员处一万元以上五万元以下罚款；不按照国家标准、行业标准开展消防技术服务活动的，责令改正，处五万元以下罚款，并对直接负责的主管人员和其他直接责任人员处一万元以下罚款；有违法所得的，并处没收违法所得；给他人造成损失的，依法承担赔偿责任；情节严重的，依法责令停止执业或者吊销相应资格；造成重大损失的，由相关部门吊销营业执照，并对有关责任人员采取终身市场禁入措施。

前款规定的机构出具失实文件，给他人造成损失的，依法承担赔偿责任；造成重大损失的，由消防救援机构依法责令停止执业或者吊销相应资格，由相关部门吊销营业执照，并对有关责任人员采取终身市场禁入措施。

2. 国家机关工作人员在消防工作中滥用职权、玩忽职守、徇私舞弊的行为

《消防法》第七十一条规定：住房和城乡建设主管部门、消防救援机构的工作人员滥用职权、玩忽职守、徇私舞弊，有下列行为之一，尚不构成犯罪的，依法给予处分。

（1）对不符合消防安全要求的消防设计文件、建设工程、场所准予审查合格、消防验收合格、消防安全检查合格的。

（2）无故拖延消防设计审查、消防验收、消防安全检查，不在法定期限内履行职责的。

（3）发现火灾隐患不及时通知有关单位或者个人整改的。

（4）利用职务为用户、建设单位指定或者变相指定消防产品的品牌、销售单位或者消防技术服务机构、消防设施施工单位的。

（5）将消防车、消防艇以及消防器材、装备和设施用于与消防和应急救援无关的事项的。

（6）其他滥用职权、玩忽职守、徇私舞弊的行为。

产品质量监督、工商行政管理等其他有关行政主管部门的工作人员在消防工作中滥用职权、玩忽职守、徇私舞弊，尚不构成犯罪的，依法给予处分。

在消防安全工作中，具有管理监督职责的部门，除消防救援机构外，还有其他一些政府行政部门，例如建设部门负责审批建设工程施工许可，质量监督部门和工商行政管理部门负责消防产品质量在生产和流通领域的监督检查等。这些部门有责任在各自职责范围内，依照《消防法》和其他相关法律、法规的规定做好消防安全的具体执法工作。为了保证消防工作的顺利开展，维护国家机关的声誉，保护人身、财产安全，防微杜渐，《消防法》明确规定这些行政主管部门的工作人员在消防工作中如果滥用职权、玩忽职守、徇私舞弊，尚不构成犯罪的，也要依法给予处分。

五、依照《中华人民共和国治安管理处罚法》处罚的行为

《消防法》第六十二条规定：有下列行为之一的，依照《中华人民共和国治安管理处罚法》的规定处罚。

（1）违反有关消防技术标准和管理规定生产、储存、运输、销售、使用、销毁易燃易爆危险品的。

（2）非法携带易燃易爆危险品进入公共场所或者乘坐公共交通工具的。

（3）谎报火警的。

（4）阻碍消防车、消防艇执行任务的。

（5）阻碍消防救援机构的工作人员依法执行职务的。

《消防法》第七十条规定：本法规定的行政处罚，除应当由公安机关依照《中华人民共和国治安管理处罚法》的有关规定决定的外，由住房和城乡建设主管部门、消防救援机构按照各自职权决定。

被责令停止施工、停止使用、停产停业的，应当在整改后向作出决定的部门或者机构报告，经检查合格，方可恢复施工、使用、生产、经营。

当事人逾期不执行停产停业、停止使用、停止施工决定的，由作出决定的部门或者机构强制执行。

责令停产停业，对经济和社会生活影响较大的，由住房和城乡建设主管部门或者应急管理部门报请本级人民政府依法决定。

【典型案例】

2023年，某科技有限公司发生火灾造成7人死亡，过火面积约5100平方米，直接经济损失2392.97万元，如图2-8所示。

图2-8 某科技有限公司火灾事故现场图片

事故调查报告显示，该起火灾事故原因为：该公司在生产期间，大车间花捻车间5号花捻机的西面北部牵伸机构在运转中组件摩擦产生高温，引燃棉纤维、毛絮及腈纶纤维等可燃物；火势通过北侧相连的二层违章建筑迅速蔓延至库房，大火产生的高温有毒有害烟气充塞了建筑及疏散楼梯间；该公司未及时组织库房内四层车间员工疏散撤离，加之室外疏散楼梯安全出口被锁闭，导致7名员工遇难。经事故调查认定，该公司此次火灾事故是一起生产安全责任事故。

【问题】 该企业存在的主要问题有哪些？

【解析】

（1）安全发展理念未牢固树立。此次火灾事故的发生，暴露出该地区在牢固树立底线思维和红线意识、统筹好发展和安全的能力上还存在差距，对工业企业消防安全风险的认识不足，对违章搭建治理工作的重视程度不够。

（2）企业主体责任落实不到位。企业负责人重业务发展轻安全管理，未认真落实安全生产第一责任人的法定职责。安全风险管控措施落实不到位，在厂区内擅自违章搭建，占用防火间距，改变防火分区，长期锁闭安全出口，疏于员工的自救逃生培训，事前预防和事中应急逃生能力薄弱。

（3）消防安全监管机制不健全。该地区消防救援机构侧重于消防重点单位与人员密集场所的监管，对工业企业消防安全监管力度不够。消防安全委员会作用发挥不充分，对镇（街道）消防安全委员会指导不力。部门之间职责边界未厘清，联动联治机制不健全，企业厂房的规划、建设、日常管理等未实现全链条监管。

（4）基层监管力量配备不到位。所在街道未按要求配齐安全生产和消防监管人员，街道消防安全委员会办公室与应急局实际负责人长期由编外人员担任，工作能力与岗位需求不匹配。虽然组织开展了工业企业消防安全整治提升与联合检查，但排查整治不认真、未闭环。

模块三

消防安全相关法律解读 <<<

 学习目标

知识目标：
1. 认识消防安全相关法律的具体条文规定。
2. 概括消防安全相关法律的主要内容。
3. 总结消防安全相关法律责任，并进行比较。

能力目标：
1. 能解读消防安全相关法律有关内容条款。
2. 能运用消防安全相关法律分析消防安全违法案例。
3. 能运用消防安全相关法律解决工作和生活中的实际问题。

素质目标：
1. 具有良好的消防安全法律素养。
2. 增强自觉遵守消防安全法律的意识。
3. 提高消防安全的风险意识。

思维导图

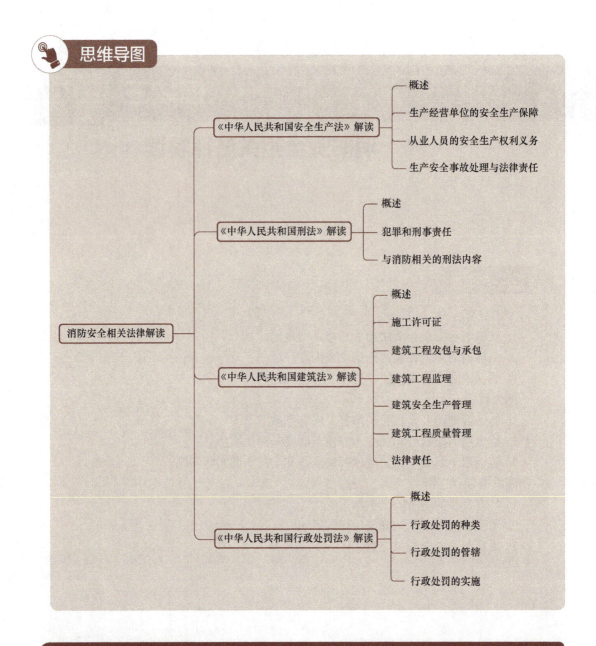

单元一 《中华人民共和国安全生产法》解读

一、概述

《安全生产法》包括总则、生产经营单位的安全生产保障、从业人员的安全生产权利义务、安全生产的监督管理、生产安全事故的应急救援与调查处理、法律责任、附则，共七章一百一十九条。

（一）立法目的及适用范围

《安全生产法》第一条规定：为了加强安全生产工作，防止和减少生产安全事故，保障人民群众生命和财产安全，促进经济社会持续健康发展，制定本法。《安全生产法》是加强安全生产工作，防止和减少生产安全事故，保障人民群众生命和财产安全，促进经济社会持续健康发展的基本法律，是我国在加强安全生产综合治理方面出台的最具操作性的法律之一。它的出台，对我国安全生产影响深远，是安全生产法制建设的里程碑，它标志着我国安全生产法律建设进入了一个新的阶段。

《安全生产法》第二条规定：在中华人民共和国领域内从事生产经营活动的单位（以下统称生产经营单位）的安全生产，适用本法；有关法律、行政法规对消防安全和道路交通安全、铁路交通安全、水上交通安全、民用航空安全以及核与辐射安全、特种设备安全另有规定的，适用其规定。

（二）总体宗旨、总体方针与总体机制

《安全生产法》第三条规定：安全生产工作坚持中国共产党的领导。安全生产工作应当以人为本，坚持人民至上、生命至上，把保护人民生命安全摆在首位，树牢安全发展理念，坚持安全第一、预防为主、综合治理的方针，从源头上防范化解重大安全风险。安全生产工作实行管行业必须管安全、管业务必须管安全、管生产经营必须管安全，强化和落实生产经营单位主体责任与政府监管责任，建立生产经营单位负责、职工参与、政府监管、行业自律和社会监督的机制。

1. 总体宗旨

中国特色社会主义最本质的特征是中国共产党的领导，中国特色社会主义制度的最大优势是中国共产党的领导。习近平同志指出："全党同志必须牢记，党的领导是我国社会主义法治之魂，是我国法治同西方资本主义国家法治最大的区别。离开了党的领导，全面依法治国就难以有效推进，社会主义法治国家就建不起来。"所以，安全生产工作必须坚持中国共产党的领导。

2. 总体方针

安全生产工作应当以人为本，坚持人民至上、生命至上，把保护人民生命安全摆在首位。以人为本，就是要以人的生命健康为本，不断改善劳动环境和安全生产条件，决不能以牺牲人的生命为代价换取经济利益或发展经济。当生产过程中人的生命健康与经济效益发生冲突时，首先应该保证人的生命健康，而不能首先考虑经济收益或设备和财产安全。"安全第一、预防为主、综合治理"要求生产经营企业，特别是生产经营企业的负责人，在生产经营活动中首先要保证安全，尤其是当生产经营与安全发生矛盾时，生产经营要服从安全，这就是安全第一的含义。预防为主是实现安全第一的基础，要做到防微杜渐，防患于未然，要把过去传统的事故处理型转变为现代的事故预防型，把工作的重点放在预防上，不要等到出事故后被动处理，而要把事故消灭在萌芽状态，主动采取措施，防止事故的发生。综合治理是指要做好安全生产监督管理工作，政府有关部门、机构要从保护人民群众生命财产安全的责任感出发，严格执法，进行综合治理，只有这样安全生产工作才能真正做好，安全生产工作方针才能真正在生产经营活动中得到贯彻落实。

3. 总体机制

《安全生产法》提出安全生产工作实行管行业必须管安全、管业务必须管安全、管生产经营必须管安全的要求：

（1）规定国务院和县级以上地方人民政府应当建立健全安全生产工作协调机制，及时

协调、解决安全生产监督管理中的重大问题。

（2）明确各级政府安全生产监督管理部门实施综合监督管理，有关部门在各自职责范围内对有关行业、领域的安全生产工作实施监督管理。

（3）明确各级安全生产监督管理部门和其他负有安全生产监督管理职责的部门作为行政执法部门，依法开展安全生产行政执法工作，对生产经营单位执行法律、法规、国家标准或者行业标准的情况进行监督检查。

《安全生产法》提出要建立生产经营单位负责、职工参与、政府监管、行业自律和社会监督的工作机制，进一步明确了各方的安全职责。

二、生产经营单位的安全生产保障

（一）生产经营单位主要负责人的职责

生产经营单位主要负责人的职责

《安全生产法》第二十一条明确了生产经营单位主要负责人对本单位安全生产工作的职责。法律所称的生产经营单位主要负责人应当是直接领导、指挥生产经营单位日常生产经营活动、能够承担生产经营单位安全生产工作主要领导责任的决策人。主要负责人首先是法定代表人、董事长，也包括法定代表人委托的总经理、总裁、首席执行官、党委书记等，当董事长或者总经理长期缺位（因生病、学习等情况不能主持全面领导工作）时，由其授权或者委托的副职或者其他人主持生产经营单位的全面工作。生产经营单位是否能做到安全生产，其主要负责人是关键。《安全生产法》抓住了生产经营单位主要负责人这一关键因素，对其进行了具体的规定，生产经营单位的主要负责人必须认真履行好自己的工作职责。

1. 建立健全并落实本单位全员安全生产责任制，加强安全生产标准化建设

建立健全并落实本单位全员安全生产责任制，就是将本单位的安全生产工作（包括安全管理和实施）的具体内容进行分解，将分解后的每一项工作责任落实到人，使本单位的每一个人，上至企业主要负责人，下至班组长、特种作业人员以及生产岗位上的每一名职工，都有安全生产责任，一旦某一项工作出现差错造成生产安全事故，就要追究责任人的责任。这里的责任追究既包括生产经营单位内部的处分，又包括依法追究的法律责任。加强安全生产标准化建设，就是严格按照国家有关部门制定的安全生产方面的标准和规定建设本单位的安全生产标准。

2. 组织制定并实施本单位安全生产规章制度和操作规程

生产经营单位的主要负责人，要根据安全生产和劳动管理的需要，结合本单位的工作性质、工作内容、人员素质情况，组织有关人员制定本单位的规章制度，严格执行本行业各个工种各岗位安全操作规程，如果一些工种或岗位没有现成的安全操作规程，要组织有关人员制定。需要注意的是，单位的规章制度不得与国家的法律法规相抵触。

3. 组织制定并实施本单位安全生产教育和培训计划

生产经营单位要做到安全生产，就必须排除各种安全生产隐患，安全生产培训不合格的作业人员就是隐患之一。安全生产培训包括生产经营单位的主要负责人和安全生产管理人员定期参加的安全生产培训和对本单位全体人员进行的安全生产教育和培训。各类人员应该分别参加培训内容侧重点不同的有针对性的安全生产培训，安全生产培训要有培训记录，包括培训时间、培训地点、培训内容、参加培训人员签到、考核成绩等记录，作备查之用。

4. 保证本单位安全生产投入的有效实施

安全生产投入包括为了安全生产而在资金、人力等方面的投入。安全生产投入是保证安全生产的基础，要想安全生产，首先要投资进行安全生产设施设备的建设。有的安全生产设施设备的购置由于需要投入巨额资金，加大了生产经营成本，可能对生产经营单位短期的经济效益产生影响，出现这种情况时，一些生产经营单位可能只考虑眼前的经济利益，不顾长远的生产经营安全，不进行安全生产设施设备投资或投资严重不足，留下重大安全生产隐患。对此，《安全生产法》第二十三条规定：生产经营单位应当具备的安全生产条件所必需的资金投入，由生产经营单位的决策机构、主要负责人或者个人经营的投资人予以保证，并对由于安全生产所必需的资金投入不足导致的后果承担责任。

5. 组织建立并落实安全风险分级管控和隐患排查治理双重预防工作机制，督促、检查本单位的安全生产工作，及时消除生产安全隐患

为了保证生产经营的安全，生产经营单位的主要负责人，必须经常深入生产经营现场，亲自进行安全生产情况的检查和监督（图3-1），寻找和发现安全生产隐患，对发现存在的较大或重大安全生产隐患，要亲自组织协调人员及时采取措施，消除较大或重大安全生产隐患。对于重大安全生产隐患的发现和采取的措施以及治理情况要及时向从业人员通报，并向安全生产监督管理部门报告。对发现的一般安全生产隐患，要责成有关人员在查明原因的基础上及时或限时消除，并追踪隐患实际消除结果。定期与专职安全检查人员研究解决在日常工作中容易出现的人的不安全行为和物的不安全状态等安全问题，督促各有关责任人制定安全技术措施，并组织落实。生产经营单位要建立健全安全生产隐患排查治理制度，生产经营单位的专职安全管理人员应当根据本单位的生产经营特点，对安全生产状况进行经常性检查；对检查中发现的安全问题，应当立即处理；不能处理的，应当及时报告本单位有关负责人。检查及处理情况应当记录在案，并向从业人员通报。

6. 组织制定并实施本单位的生产安全事故应急救援预案

生产经营单位的主要负责人要积极组织制定本单位的生产安全事故应急救援预案，并按照规定进行演练，要熟悉组织实施应急救援预案的要领，一旦发生生产安全事故，要能立即组织人员争分夺秒地实施救援，力争把事故造成的损失降到最低程度。某生产经营单位主要负责人组织开展应急演练，如图3-2所示。

图3-1　安全生产检查　　　　　　　　图3-2　某生产经营单位主要负责人
　　　　　　　　　　　　　　　　　　　　　　　组织开展应急演练

7. 及时、如实报告生产安全事故

一旦发生生产安全事故,生产经营单位的主要负责人要及时、如实向上级报告生产安全事故,不得隐瞒不报、谎报或者迟报。

【典型案例】

未及时、如实报告生产安全事故需要承担法律责任

2021年1月10日13时13分许,某施工单位施工过程中,回风井发生爆炸事故,造成22人被困。经全力救援,11人获救,10人死亡,1人失踪,直接经济损失6847.33万元,事故现场如图3-3所示。

图3-3 某施工单位爆炸事故现场

事故迟报、瞒报核查情况:

2021年1月10日13时13分许,某施工单位回风井发生爆炸。13时30分左右,该施工单位有关负责人到达事故现场组织救援。1月10日19时许,当地党委负责同志从事故现场附近村民处获悉发生事故,随即向当地市政府有关负责同志作了报告。

【问题】 该案例中生产经营单位的主要负责人违反了《安全生产法》的哪条规定?

【解析】 该案例中生产经营单位的主要负责人违反了《安全生产法》第二十一条的规定,未依法报告生产安全事故,瞒报生产安全事故,对瞒报事故负有直接责任。生产经营单位隐瞒不报、谎报或者迟报生产安全事故,会严重影响对受伤人员的救治,也不利于对生产安全事故的调查、分析处理以及吸取事故教训,还影响对遇难人员家属的抚恤,影响社会的和谐和稳定。因此,对不及时、不如实报告生产安全事故的违法行为要严格追究其法律责任。安全应急行业的从业人员要学好行业有关的法律知识,要做到遵纪守法,做一名学法、懂法、守法的公民。

(二)安全生产管理机构以及安全生产管理人员的职责

《安全生产法》第二十五条规定:生产经营单位的安全生产管理机构以及安全生产管理人员履行下列职责。

(1)组织或者参与拟订本单位安全生产规章制度、操作规程和生产安全事故应急救援预案。

(2)组织或者参与本单位安全生产教育和培训,如实记录安全生产教育和培训情况。

（3）组织开展危险源辨识和评估，督促落实本单位重大危险源的安全管理措施。

（4）组织或者参与本单位应急救援演练。

（5）检查本单位的安全生产状况，及时排查安全生产隐患，提出改进安全生产管理的建议。

（6）制止和纠正违章指挥、强令冒险作业、违反操作规程的行为。

（7）督促落实本单位安全生产整改措施。

某生产经营单位安全生产管理人员根据《安全生产法》的要求，在日常工作中履行自己的工作职责，在生产现场开展隐患排查、组织作业人员开展安全教育培训，如图3-4、图3-5所示。

图 3-4　临时用电安全隐患排查

图 3-5　安全教育培训

（三）全员安全生产责任制

《安全生产法》第二十二条规定：生产经营单位的全员安全生产责任制应当明确各岗位的责任人员、责任范围和考核标准等内容。生产经营单位应当建立相应的机制，加强对全员安全生产责任制落实情况的监督考核，保证全员安全生产责任制的落实。

三、从业人员的安全生产权利义务

（一）权利

《安全生产法》是生产经营单位从业人员的安全保护法。《安全生产法》第三章就从业人员的安全生产权利义务进行了专门的规定，第五十二条至第五十六条赋予了从业人员多项权利，为生产经营单位从业人员维护自己的合法权益提供了法律依据。具体来说，可以归纳为以下几点：

1. 享受工伤保险

《安全生产法》不但在生产经营单位的安全生产保障方面规定了生产经营单位必须依法参加工伤保险，为从业人员缴纳保险费，还在从业人员的权利规定中再次强调：因生产安全事故受到损害的从业人员，除依法享有工伤保险外，依照有关民事法律尚有获得赔偿的权利的，有权提出赔偿要求。这一规定为从业人员在发生工伤事故后的合法权益的维护进一步给予了支持。根据这一规定，从业人员因工伤受到的损失大于工伤保险赔偿额的，有权继续向生产经营单位要求赔偿，生产经营单位应当给予赔偿。

2. 了解作业场所、工作岗位的基本情况

《安全生产法》第五十三条规定：生产经营单位的从业人员有权了解其作业场所和工作岗位存在的危险因素、防范措施及事故应急措施，有权对本单位的安全生产工作提出建议。劳动者拥有知情权，生产经营单位有义务实事求是地告诉从业人员所从事的工作和工作岗位存在的危险因素，给从业人员充分的劳动选择权。

3. 有权拒绝违章指挥和强令冒险作业

《安全生产法》第五十四条规定：从业人员有权对本单位安全生产工作中存在的问题提出批评、检举、控告；有权拒绝违章指挥和强令冒险作业。生产经营单位不得因从业人员对本单位安全生产工作提出批评、检举、控告或者拒绝违章指挥、强令冒险作业而降低其工资、福利等待遇或者解除与其订立的劳动合同。

【典型案例】

增强法律意识，杜绝违章指挥

某建设工程公司在生产经营过程中存在未经核准擅自从事渣土运输作业、长期违反渣土运输限时和禁区管理规定、随意指定运输线路、渣土运输车不符合国家强制标准等七大安全生产问题，属于重大事故隐患。被告人潘某某系公司实际控制人，在明知存在上述重大事故隐患的情况下，疏于履行安全管理职责，仍组织、指挥公司相关人员长期违章冒险作业。2021年4月11日，该公司驾驶员武某某（已判刑）按照公司前一天确定的路线（经鉴定，不是指定的渣土运输线路），驾驶公司名下的重型自卸货车（前下部防护装置缺失，不符合国家强制标准），在渣土运输途中撞击行人段某，造成段某（殁年12周岁）当场死亡。案发后，潘某某自首、认罪认罚。

【问题】 该案例中潘某某违反了《安全生产法》的哪条规定？

【解析】 潘某某违反了《安全生产法》第五十四条规定：从业人员有权对本单位安全生产工作中存在的问题提出批评、检举、控告；有权拒绝违章指挥和强令冒险作业。生产经营单位不得因从业人员对本单位安全生产工作提出批评、检举、控告或者拒绝违章指挥、强令冒险作业而降低其工资、福利等待遇或者解除与其订立的劳动合同。

【案例启示】 劳动者拥有违章作业拒绝权，即有权拒绝违章作业和强令冒险作业。安全应急行业的从业人员一定要增强安全生产法律意识，懂得维护自己的合法权益。

4. 有权停止作业、撤离作业场所

《安全生产法》第五十五条规定：从业人员发现直接危及人身安全的紧急情况时，有权停止作业或者在采取可能的应急措施后撤离作业场所。

生产经营单位不得因从业人员在前款紧急情况下停止作业或者采取紧急撤离措施而降低其工资、福利等待遇或者解除与其订立的劳动合同。劳动者拥有紧急避险权，即发现直接危及人身安全的紧急情况时，有权停止作业或者采取可能的应急措施后撤离作业场所。

根据《安全生产法》的规定，劳动者还拥有获得符合国家标准或者行业标准要求的劳动防护用品的权利；获得安全生产教育和培训的权利等。

（二）义务

1. 遵守安全生产相关的规章制度、操作规程

劳动者拥有安全生产的权利，同时也具有安全生产的义务。《安全生产法》第五十七条规定：从业人员在作业过程中，应当严格落实岗位安全责任，遵守本单位的安全生产规章制度和操作规程，服从管理，正确佩戴和使用劳动防护用品。劳动者只有正确佩戴和使用劳动防护用品，劳动防护用品才能发挥保护劳动者的作用，有的从业人员在劳动时虽然携带了劳动防护用品，但是并不会正确使用。例如有的煤矿下井工人，每天下井时背着自救器，发生生产安全事故时却不会正确使用，付出了生命的代价。所以，对从业人员的安全教育和培训显得十分重要。

2. 接受安全生产教育和培训

《安全生产法》第五十八条规定：从业人员应当接受安全生产教育和培训，掌握本职工作所需的安全生产知识，提高安全生产技能，增强事故预防和应急处理能力。《安全生产法》第二十八条规定：生产经营单位应当对从业人员进行安全生产教育和培训，保证从业人员具备必要的安全生产知识，熟悉有关的安全生产规章制度和安全操作规程，掌握本岗位的安全操作技能，了解事故应急处理措施，知悉自身在安全生产方面的权利和义务。未经安全生产教育和培训合格的从业人员，不得上岗作业。《安全生产法》第二十九条规定：生产经营单位采用新工艺、新技术、新材料或者使用新设备，必须了解、掌握其安全技术特性，采取有效的安全防护措施，并对从业人员进行专门的安全生产教育和培训。对劳动者进行安全生产教育和培训，不但是劳动者的权利，也是劳动者的义务；必要和充分的安全生产教育和培训，不但能增强劳动者的安全生产意识，还是提高劳动生产率的有效途径。

3. 发现事故隐患或者不安全因素立即报告

从业人员在生产经营活动中，发现事故隐患以后，情况允许并且自己有能力处理的，应当立即处理；自己不能处理的，应及时向有关人员报告，争取在最短的时间里采取措施，消除安全隐患，把事故消灭在萌芽之中。

四、生产安全事故处理与法律责任

（一）生产安全事故的调查处理

《安全生产法》第八十三条规定：生产经营单位发生生产安全事故后，事故现场有关人员应当立即报告本单位负责人。单位负责人接到事故报告后，应当迅速采取有效措施，组织抢救，防止事故扩大，减少人员伤亡和财产损失，并按照国家有关规定立即如实报告当地负有安全生产监督管理职责的部门，不得隐瞒不报、谎报或者迟报，不得故意破坏事故现场、毁灭有关证据。《安全生产法》第八十七条规定：生产经营单位发生生产安全事故，经调查确定为责任事故的，除了应当查明事故单位的责任并依法予以追究外，还应当查明对安全生产的有关事项负有审查批准和监督职责的行政部门的责任，对有失职、渎职行为的，依照本法第九十条的规定追究法律责任。

（二）法律责任

1. 安全主管部门及公职人员的法律责任

《安全生产法》第九十条规定：负有安全生产监督管理职责的部门的工作人员，有下列行为之一的，给予降级或者撤职的处分；构成犯罪的，依照刑法有关规定追究刑事责任。

（1）对不符合法定安全生产条件的涉及安全生产的事项予以批准或者验收通过的。

（2）发现未依法取得批准、验收的单位擅自从事有关活动或者接到举报后不予取缔或者不依法予以处理的。

(3) 对已经依法取得批准的单位不履行监督管理职责，发现其不再具备安全生产条件而不撤销原批准或者发现安全生产违法行为不予查处的。

(4) 在监督检查中发现重大事故隐患，不依法及时处理的。

负有安全生产监督管理职责的部门的工作人员有前款规定以外的滥用职权、玩忽职守、徇私舞弊行为的，依法给予处分；构成犯罪的，依照刑法有关规定追究刑事责任。

《安全生产法》第九十一条规定：负有安全生产监督管理职责的部门，要求被审查、验收的单位购买其指定的安全设备、器材或者其他产品的，在对安全生产事项的审查、验收中收取费用的，由其上级机关或者监察机关责令改正，责令退还收取的费用；情节严重的，对直接负责的主管人员和其他直接责任人员依法给予处分。

2. 中介机构的法律责任

《安全生产法》第九十二条规定：承担安全评价、认证、检测、检验职责的机构出具失实报告的，责令停业整顿，并处三万元以上十万元以下的罚款；给他人造成损害的，依法承担赔偿责任。承担安全评价、认证、检测、检验职责的机构租借资质、挂靠、出具虚假报告的，没收违法所得；违法所得在十万元以上的，并处违法所得二倍以上五倍以下的罚款，没有违法所得或者违法所得不足十万元的，单处或者并处十万元以上二十万元以下的罚款；对其直接负责的主管人员和其他直接责任人员处五万元以上十万元以下的罚款；给他人造成损害的，与生产经营单位承担连带赔偿责任；构成犯罪的，依照刑法有关规定追究刑事责任。对有前款违法行为的机构及其直接责任人员，吊销其相应资质和资格，五年内不得从事安全评价、认证、检测、检验等工作；情节严重的，实行终身行业和职业禁入。

3. 生产经营单位主要负责人的法律责任

《安全生产法》第九十三条规定：生产经营单位的决策机构、主要负责人或者个人经营的投资人不依照本法规定保证安全生产所必需的资金投入，致使生产经营单位不具备安全生产条件的，责令限期改正，提供必需的资金；逾期未改正的，责令生产经营单位停产停业整顿。有前款违法行为，导致发生生产安全事故的，对生产经营单位的主要负责人给予撤职处分，对个人经营的投资人处二万元以上二十万元以下的罚款；构成犯罪的，依照刑法有关规定追究刑事责任。

《安全生产法》第九十四条规定：生产经营单位的主要负责人未履行本法规定的安全生产管理职责的，责令限期改正，处二万元以上五万元以下的罚款；逾期未改正的，处五万元以上十万元以下的罚款，责令生产经营单位停产停业整顿。生产经营单位的主要负责人有前款违法行为，导致发生生产安全事故的，给予撤职处分；构成犯罪的，依照刑法有关规定追究刑事责任。生产经营单位的主要负责人依照前款规定受刑事处罚或者撤职处分的，自刑罚执行完毕或者受处分之日起，五年内不得担任任何生产经营单位的主要负责人；对重大、特别重大生产安全事故负有责任的，终身不得担任本行业生产经营单位的主要负责人。

《安全生产法》第九十五条规定：生产经营单位的主要负责人未履行本法规定的安全生产管理职责，导致发生生产安全事故的，由应急管理部门依照下列规定处以罚款：发生一般事故的，处上一年年收入百分之四十的罚款；发生较大事故的，处上一年年收入百分之六十的罚款；发生重大事故的，处上一年年收入百分之八十的罚款；发生特别重大事故的，处上一年年收入百分之一百的罚款。

《安全生产法》第一百一十三条规定：生产经营单位存在下列情形之一的，负有安全生产监督管理职责的部门应当提请地方人民政府予以关闭，有关部门应当依法吊销其有关证照。生产经营单位主要负责人五年内不得担任任何生产经营单位的主要负责人；情节严重的，终身不得担任本行业生产经营单位的主要负责人：存在重大事故隐患，一百八十日内三次或者一年内四次受到本法规定的行政处罚的；经停产停业整顿，仍不具备法律、行政法规和国家标准或者行业标准规定的安全生产条件的；不具备法律、行政法规和国家标准或者行业标准规定的安全生产条件，导致发生重大、特别重大生产安全事故的；拒不执行负有安全生产监督管理职责的部门作出的停产停业整顿决定的。

4. 其他负责人及安全管理人员的法律责任

《安全生产法》第九十六条规定：生产经营单位的其他负责人和安全生产管理人员未履行本法规定的安全生产管理职责的，责令限期改正，处一万元以上三万元以下的罚款；导致发生生产安全事故的，暂停或者吊销其与安全生产有关的资格，并处上一年年收入百分之二十以上百分之五十以下的罚款；构成犯罪的，依照刑法有关规定追究刑事责任。

单元二　《中华人民共和国刑法》解读

一、概述

《中华人民共和国刑法》（以下简称《刑法》）的具体内容分为总则和分则两部分。总则主要规定了刑法的基本原则、适用范围、犯罪构成要件等基本内容；分则则是对各种具体犯罪的规定，包括危害国家安全罪、危害公共安全罪、破坏社会主义市场经济秩序罪等。

现行"1997年刑法典"和12个刑法修正案，以及《关于惩治骗购外汇、逃汇和非法买卖外汇犯罪的决定》，一共规定了483个罪名，规定了死刑、无期徒刑、有期徒刑、拘役、管制5种主刑，以及罚金、剥夺政治权利、没收财产、驱逐出境（仅对于犯罪的外国人适用）4种附加刑。

（一）立法目的及适用范围

《刑法》第一条规定：为了惩罚犯罪，保护人民，根据宪法，结合我国同犯罪作斗争的具体经验及实际情况，制定本法。《刑法》第二条规定：中华人民共和国刑法的任务，是用刑罚同一切犯罪行为作斗争，以保卫国家安全，保卫人民民主专政的政权和社会主义制度，保护国有财产和劳动群众集体所有的财产，保护公民私人所有的财产，保护公民的人身权利、民主权利和其他权利，维护社会秩序、经济秩序，保障社会主义建设事业的顺利进行。从以上两条规定可以看出，《刑法》的立法目的是为了惩罚犯罪，保护人民。

《刑法》的适用范围可从属地管辖权、属人管辖权、保护管辖权、普遍管辖权、外交特权和豁免权等几个方面进行阐述。

根据属地管辖权，凡在中华人民共和国领域内犯罪的，除法律有特别规定的以外，都适用《刑法》。这包括在中华人民共和国船舶或者航空器内犯罪的情况。如果犯罪的行为或者结果有一项发生在中华人民共和国领域内，就认为是在中华人民共和国领域内犯罪。

根据属人管辖权，中华人民共和国公民在中华人民共和国领域外犯《刑法》规定之罪的，也适用《刑法》，但是按照《刑法》规定的最高刑为三年以下有期徒刑的，可以不予追究。对于中华人民共和国国家工作人员和军人在中华人民共和国领域外犯《刑法》规定之罪的，同样适用《刑法》。

根据保护管辖权，外国人在中华人民共和国领域外对中华人民共和国国家或者公民犯罪，而按照《刑法》规定的最低刑为三年以上有期徒刑的，可以适用《刑法》，但按照犯罪地的法律不受处罚的除外。

根据普遍管辖权，对于中华人民共和国缔结或者参加的国际条约所规定的罪行，中华人民共和国在所承担条约义务的范围内行使刑事管辖权的，也适用《刑法》。

在中华人民共和国领域外犯罪，依照《刑法》应当负刑事责任的，即使经过外国审判，仍然可以依照《刑法》追究；但在外国已经受过刑罚处罚的，可以免除或者减轻处罚。同时，享有外交特权和豁免权的外国人的刑事责任，通过外交途径解决。外交特权和豁免权针对的对象是享有外交特权和豁免权的外国人，不允许滥用。

（二）基本原则

《刑法》的基本原则主要有罪刑法定原则、平等适用刑法原则、罪责刑相适应原则。

《刑法》第三条规定：法律明文规定为犯罪行为的，依照法律定罪处刑；法律没有明文规定为犯罪行为的，不得定罪处刑。这是罪刑法定原则，这一原则确保了刑法的明确性和公正性，避免了滥用刑罚和侵犯公民权益的情况。

《刑法》第四条规定：对任何人犯罪，在适用法律上一律平等。不允许任何人有超越法律的特权。这是平等适用刑法原则，这一原则体现了刑法的公正性和普遍适用性，确保了法律面前人人平等。

《刑法》第五条规定：刑罚的轻重，应当与犯罪分子所犯罪行和承担的刑事责任相适应。这是罪责刑相适应原则，这一原则体现了刑法的惩罚性和教育性，旨在确保刑罚的适度性和公正性。

二、犯罪和刑事责任

（一）犯罪的概念和类型

一切危害国家主权、领土完整和安全，分裂国家、颠覆人民民主专政的政权和推翻社会主义制度，破坏社会秩序和经济秩序，侵犯国有财产或者劳动群众集体所有的财产，侵犯公民私人所有的财产，侵犯公民的人身权利、民主权利和其他权利，以及其他危害社会的行为，依照法律应当受刑罚处罚的，都是犯罪，但是情节显著轻微危害不大的，不认为是犯罪。犯罪分为两种类型，故意犯罪和过失犯罪。

《刑法》第十四条规定：明知自己的行为会发生危害社会的结果，并且希望或者放任这种结果发生，因而构成犯罪的，是故意犯罪。

《刑法》第十五条规定：应当预见自己的行为可能发生危害社会的结果，因为疏忽大意而没有预见，或者已经预见而轻信能够避免，以致发生这种结果的，是过失犯罪。例如，高空抛物过失致人死亡会构成过失致人死亡罪，如图3-6所示。

故意犯罪，应当负刑事责任；过失犯罪，法律有规定的才负刑事责任。除了故意犯罪和过失犯罪外，还有一种情况，就是不可抗力和意外事件。《刑法》第十六条规定：行为在客观上虽然造成了损害结果，但是不是出于故意或者过失，而是由于不能抗拒或者不能预见的原因所引起的，不是犯罪。

（二）刑事责任年龄

《刑法》第十七条规定：已满十六周岁的人犯罪，应当负刑事责任。已满十四周岁不满

图 3-6　高空抛物过失致人死亡

十六周岁的人，犯故意杀人、故意伤害致人重伤或者死亡、强奸、抢劫、贩卖毒品、放火、爆炸、投放危险物质罪的，应当负刑事责任。已满十二周岁不满十四周岁的人，犯故意杀人、故意伤害罪，致人死亡或者以特别残忍手段致人重伤造成严重残疾，情节恶劣，经最高人民检察院核准追诉的，应当负刑事责任。对依照前三款规定追究刑事责任的不满十八周岁的人，应当从轻或者减轻处罚。因不满十六周岁不予刑事处罚的，责令其父母或者其他监护人加以管教；在必要的时候，依法进行专门矫治教育。

以上是《刑法》对责任年龄的界定，对不满十八周岁未成年人有从宽处罚原则。

《刑法》第十七条之一还规定：已满七十五周岁的人故意犯罪的，可以从轻或者减轻处罚；过失犯罪的，应当从轻或者减轻处罚。

（三）刑事责任特殊类型

1. 特殊人员的刑事责任能力

《刑法》第十八条、第十九条的规定给特殊人员的刑事责任能力给出了评判依据，主要为以下三类人。

（1）原发性精神病人。精神病人在不能辨认或者不能控制自己行为的时候造成危害结果，经法定程序鉴定确认的，不负刑事责任，但是应当责令他的家属或者监护人严加看管和医疗；在必要的时候，由政府强制医疗。间歇性的精神病人在精神正常的时候犯罪，应当负刑事责任。尚未完全丧失辨认或者控制自己行为能力的精神病人犯罪的，应当负刑事责任，但是可以从轻或者减轻处罚。

（2）醉酒的人。醉酒的人犯罪，应当负刑事责任。

（3）又聋又哑的人或盲人。又聋又哑的人或者盲人犯罪，可以从轻、减轻或者免除处罚。

2. 不需负刑事责任的情况

《刑法》第二十条、第二十一条规定以下三种情况不需负刑事责任。

（1）正当防卫。为了使国家、公共利益、本人或者他人的人身、财产和其他权利免受正在进行的不法侵害，而采取的制止不法侵害的行为，对不法侵害人造成损害的，属于正当防卫，不负刑事责任。

（2）特殊防卫。对正在进行行凶、杀人、抢劫、强奸、绑架以及其他严重危及人身安全的暴力犯罪，采取防卫行为，造成不法侵害人伤亡的，不属于防卫过当，不负刑事责任。

（3）紧急避险。为了使国家利益、公共利益，以及本人或者他人的人身、财产和其他权利免受正在发生的危险，不得已采取的紧急避险行为，造成损害的，不负刑事责任（注意，关于避免本人危险的规定，不适用于职务上、业务上负有特定责任的人）。因防卫过当、避险过当负刑事责任的，应当减轻或者免除处罚。防卫过当即正当防卫明显超过必要限度造成重大损害，避险过当即紧急避险超过必要限度造成不应有的损害。

三、与消防相关的刑法内容

（一）放火罪

1. 概念

《刑法》规定，放火罪是危害公共安全罪的具体罪名之一，是指故意放火焚烧公私财物，危害公共安全的行为。放火罪是一种故意犯罪，其侵犯的客体是公共安全，即不特定的多数人的生命、健康或者重大公私财产的安全。

2. 处罚

与消防相关的危害公共安全罪（放火罪、消防责任事故罪）的处罚规定

《刑法》第一百一十四条规定：放火、决水、爆炸以及投放毒害性、放射性、传染病病原体等物质或者以其他危险方法危害公共安全，尚未造成严重后果的，处三年以上十年以下有期徒刑。《刑法》第一百一十五条规定：放火、决水、爆炸以及投放毒害性、放射性、传染病病原体等物质或者以其他危险方法致人重伤、死亡或者使公私财产遭受重大损失的，处十年以上有期徒刑、无期徒刑或者死刑。过失犯前款罪的，处三年以上七年以下有期徒刑；情节较轻的，处三年以下有期徒刑或者拘役。

【典型案例】

2022年3月的一天，皮某某与介绍其从事物流工作的中介徐某某发生了争执，并有轻微的肢体冲突。徐某某将皮某某的被褥、行李等物扔出房屋。当晚，皮某某心中愤懑不已，于是来到附近超市购买了固体酒精，随后前往徐某某的暂住地，趁人不备，使用固体酒精及卫生纸作为助燃物，将徐某某屋内的棉被引燃，后关闭房门离开现场。几分钟后，同住该处的工友外出返回，发现火情后及时扑灭。灭火后，现场可见屋内四壁熏黑，空调被烧毁变形，临窗木质座椅被部分烧毁，地上摆放的包装纸箱被部分烧毁，地上残留棉被等物被烧的灰屑，如图3-7所示。最终，经所在地检察院提起公诉，法院以放火罪判处犯罪嫌疑人皮某某有期徒刑三年。

图3-7 徐某某住房内被烧现场情况

【问题】 公共财产不能放火焚烧，私人财产可以吗？皮某某犯了什么罪？

【解析】 《刑法》第一百一十五条规定：放火、决水、爆炸以及投放毒害性、放射性、传染病病原体等物质或者以其他危险方法致人重伤、死亡或者使公私财产遭受重大损失的，处十年以上有期徒刑、无期徒刑或者死刑。皮某某放火焚烧徐某某的私人物品（棉被等）使其遭受重大损失，犯的是放火罪。根据《刑法》第一百一十五条规定：情节较轻的，处三年以下有期徒刑或者拘役，故法院以放火罪判处犯罪嫌疑人皮某某有期徒刑三年。

（二）消防责任事故罪

1. 概念

消防责任事故罪是指违反消防管理法规，经消防监督机构通知采取改正措施而拒绝执行，造成严重后果的行为。

2. 处罚

《刑法》第一百三十九条规定：违反消防管理法规，经消防监督机构通知采取改正措施而拒绝执行，造成严重后果的，对直接责任人员，处三年以下有期徒刑或者拘役；后果特别严重的，处三年以上七年以下有期徒刑。

【典型案例】

违反了消防管理法规，可以拒绝整改么？

青岛某纺织有限公司成立于2009年，住所为胶州市，法定代表人、实际管理人为郑某某。2018—2019年，当地派出所在消防监督检查中，发现该公司存在疏散通道堵塞、安全出口堵塞、疏散指示标志缺失、应急照明缺失、未设置室内消火栓、灭火器缺失、无消防审核验收备案手续等消防安全违法行为，分别于2018年6月4日、2019年1月17日、2019年4月16日向该公司送达责令改正通知书，责令其改正，公司拒绝执行。

2019年6月23日12时许，该公司车间内发生火灾，发现起火后，郑某某与公司员工郑某、刘某等人进行初期扑救；发现未起到作用后，郑某某组织人员进行撤离，郑某、刘某等人未能及时撤离。火灾造成3人死亡，2人受伤，直接经济损失485万元，火灾现场如图3-8所示。

图3-8 青岛某纺织有限公司火灾现场

【问题】 请问该公司法定代表人、实际管理人郑某某犯了什么罪？应如何处罚？

【解析】 根据消防责任事故罪的概念，郑某某违反消防管理法规，经消防监督机构通知采取改正措施而拒绝执行，造成火灾，犯了消防责任事故罪。《刑法》第一百三十九条规定：违反消防管理法规，经消防监督机构通知采取改正措施而拒绝执行，造成严重后果的，对直接责任人员，处三年以下有期徒刑或者拘役；后果特别严重的，处三年以上七年以下有期徒刑。此次火灾造成3人死亡，后果特别严重，所以郑某某应该会被判处三年以上七年以下有期徒刑。

单元三　《中华人民共和国建筑法》解读

一、概述

《中华人民共和国建筑法》（以下简称《建筑法》）包括总则、建筑许可、建筑工程发包与承包、建筑工程监理、建筑安全生产管理、建筑工程质量管理、法律责任、附则，共八章八十五条。

（一）立法宗旨

《建筑法》第一条规定：为了加强对建筑活动的监督管理，维护建筑市场秩序，保证建筑工程的质量和安全，促进建筑业健康发展，制定本法。《建筑法》的立法宗旨是为了加强对建筑活动的监督管理，维护建筑市场秩序，保证建筑工程的质量和安全，促进建筑业健康发展。加强对建筑活动的监督管理，也就是要将建筑活动置于国家的监督之下，依法进行管理，并且对管理有所加强；要维护建筑市场秩序，应当遵守市场的规则，不允许有破坏市场、扰乱秩序的行为，否则就要受到限制和惩处；保证建筑工程的质量和安全，这是促进建筑业健康发展的前提。总之，在《建筑法》中所集中体现出来的立法宗旨就是要使建筑业健康地向前发展。

（二）适用范围

《建筑法》第二条规定：在中华人民共和国境内从事建筑活动，实施对建筑活动的监督管理，应当遵守本法。该条是关于《建筑法》适用范围的规定，包括两层含义：

（1）《建筑法》适用的地域范围（或称空间效力范围）是中华人民共和国境内，即中华人民共和国主权所及的全部领域内。

（2）《建筑法》适用的主体范围，包括一切从事建筑活动的主体和各级依法负有对建筑活动实施监督管理职责的政府机关。一切从事《建筑法》所称的建筑活动的主体，包括从事建筑工程的勘察、设计、施工、监理等活动的企业及个人，只要从事《建筑法》规定的建筑活动，都应遵守《建筑法》的各项规定。各级依法负有对建筑活动实施监督管理职责的政府机关，包括建设行政主管部门和其他有关主管部门，都应当依照《建筑法》的规定，对建筑活动实施监督管理。该条中的"建筑活动"是指各类房屋建筑及其附属设施的建造和与其配套的线路、管道、设备的安装活动。房屋建筑是指具有顶盖、梁、柱和墙壁，供人们生产、生活等使用的建筑物，包括民用住宅、厂房、仓库、办公楼、影剧院、体育馆、学校校舍等各类房屋；该条所说的"附属设施"，是指与房屋建筑配套建造的围墙、水塔等附属的建筑设施；配套的线路、管道、设备的安装活动，是指与建筑配套的电气、通信、煤气、给水、排水、空气调节、电梯、消防等线路、管道和设备的安装活动。

二、施工许可证

《建筑法》第七条规定：建筑工程开工前，建设单位应当按照国家有关规定向工程所在地县级以上人民政府建设行政主管部门申请领取施工许可证；但是，国务院建设行政主管部门确定的限额以下的小型工程除外。按照国务院规定的权限和程序批准开工报告的建筑工程，不再领取施工许可证。

施工许可证

《建筑法》第八条规定：申请领取施工许可证，应当具备下列条件：①已经办理该建筑工程用地批准手续；②依法应当办理建设工程规划许可证的，已经取得建设工程规划许可证；③需要拆迁的，其拆迁进度符合施工要求；④已经确定建筑施工企业；⑤有满足施工需要的资金安排、施工图纸及技术资料；⑥有保证工程质量和安全的具体措施。建设行政主管部门应当自收到申请之日起七日内，对符合条件的申请颁发施工许可证。

《建筑法》第九条规定：建设单位应当自领取施工许可证之日起三个月内开工。因故不能按期开工的，应当向发证机关申请延期；延期以两次为限，每次不超过三个月。既不开工又不申请延期或者超过延期时限的，施工许可证自行废止。

建设行政主管部门应当自收到领取施工许可证申请之日起 7 日内，对符合条件的申请颁发施工许可证（图 3-9）。需办理开工报告的，必须符合国务院的规定，其他任何部门的规定无效。开工报告和施工许可证不要重复办理。法律规定，建设单位未取得施工许可证或开工报告擅自施工的，责令停止施工，限期改正，处工程合同价款 1%以上 2%以下的罚款。

图 3-9　建筑工程施工许可证

三、建筑工程发包与承包

（一）发包

《建筑法》第二十条规定：建筑工程实行公开招标的，发包单位应当依照法定程序和方式，发布招标公告，提供载有招标工程的主要技术要求、主要的合同条款、评标的标准和方法以及开标、评标、定标的程序等内容的招标文件。开标应当在招标文件规定的时间、地点公开进行。开标后应当按照招标文件规定的评标标准和程序对标书进行评价、比较，在具备相应资质条件的投标者中，择优选定中标者。建筑工程项目由发包方发布信息，凡具备相应资质条件的符合投标要求的单位，不受地域和部门的限制，都可以申请投标，而发包方可以在较为广泛的范围内，在有竞争性的报价中，择优选择承包单位，将工程项目委托给信誉较好、技术能力较强、管理水平较高、报价合理的承包单位实施。

《建筑法》第二十一条规定：建筑工程招标的开标、评标、定标由建设单位依法组织实施，并接受有关行政主管部门的监督。只有法律中规定的对招标的开标、评标、定标有监督职责的部门才有权实施监督，其他部门不能干预。

《建筑法》第二十四条规定：提倡对建筑工程实行总承包，禁止将建筑工程肢解发包。建筑工程的发包单位可以将建筑工程的勘察、设计、施工、设备采购一并发包给一个工程总承包单位，也可以将建筑工程勘察、设计、施工、设备采购的一项或者多项发包给一个工程总承包单位；但是，不得将应当由一个承包单位完成的建筑工程肢解成若干部分发包给几个承包单位。这条规定提倡将一个建筑工程由一个承包单位负责组织实施，由其统一指挥筹划，以求获取较好的效益和较高的效率。若将一个建筑工程人为地、不合理地分割成几个部分，则会造成浪费、效率降低。

《建筑法》第二十五条规定：按照合同约定，建筑材料、建筑构配件和设备由工程承包单位采购的，发包单位不得指定承包单位购入用于工程的建筑材料、建筑构配件和设备或者指定生产厂、供应商。这条规定限制了发包单位利用其有利地位违背合同的约定；保护了承包单位在合同中确定了的权利，也有利于明确其责任；防止发包单位利用指定生产厂、供应商谋取不正当利益，影响工程质量。

（二）承包

承包单位只能在其资质等级许可的业务范围内承揽工程，并且不得允许他人借用自己的名义或者自己借用他人的名义，超越资质等级承揽工程。

《建筑法》第二十七条规定：大型建筑工程或者结构复杂的建筑工程，可以由两个以上的承包单位联合共同承包。共同承包的各方对承包合同的履行承担连带责任。两个以上不同资质等级的单位实行联合共同承包的，应当按照资质等级低的单位的业务许可范围承揽工程。这意味着共同承包的每一个承包单位，都有义务承担共同承包所应负的全部责任，其中某个承包单位履行义务之后，有权向共同承包的其他承包单位索取补偿。

《建筑法》第二十八条规定：禁止承包单位将其承包的全部建筑工程转包给他人，禁止承包单位将其承包的全部建筑工程肢解以后以分包的名义分别转包给他人。建筑工程中的层层转包，造成层层盘剥，侵吞了大量的工程款项，导致了偷工减料、工程质量低劣、欺诈丛生等恶劣后果，严重地侵害了国家利益、社会公共利益、建设单位利益，以致危害人们的生命健康与财产安全，所以对此必须禁止。

《建筑法》第二十九条规定：建筑工程总承包单位可以将承包工程中的部分工程发包给具有相应资质条件的分包单位；但是，除总承包合同中约定的分包外，必须经建设单位认可。施工总承包的，建筑工程主体结构的施工必须由总承包单位自行完成。建筑工程总承包单位按照总承包合同的约定对建设单位负责；分包单位按照分包合同的约定对总承包单位负责。总承包单位和分包单位就分包工程对建设单位承担连带责任。禁止总承包单位将工程分包给不具备相应资质条件的单位。禁止分包单位将其承包的工程再分包。承包单位的资质必须与所承担的建筑工程的等级相适应。

四、建筑工程监理

《建筑法》第三十一条规定：实行监理的建筑工程，由建设单位委托具有相应资质条件的工程监理单位监理。建设单位与其委托的工程监理单位应当订立书面委托监理合同。

《建筑法》第三十二条规定：建筑工程监理应当依照法律、行政法规及有关的技术标准、设计文件和建筑工程承包合同，对承包单位在施工质量、建设工期和建设资金使用等方面，代表建设单位实施监督。工程监理人员认为工程施工不符合工程设计要求、施工技术标准和合同约定的，有权要求建筑施工企业改正。工程监理人员发现工程设计不符合建筑工程质量标准或者合同约定的质量要求的，应当报告建设单位要求设计单位改正。这条明确了工程监理行使职权的依据和范围，并规定了工程监理人员的两项权利。

《建筑法》第三十五条规定：工程监理单位不按照委托监理合同的约定履行监理义务，对应当监督检查的项目不检查或者不按照规定检查，给建设单位造成损失的，应当承担相应的赔偿责任。工程监理单位与承包单位串通，为承包单位谋取非法利益，给建设单位造成损失的，应当与承包单位承担连带赔偿责任。这条明确了工程监理单位不履行应尽义务或者有违法行为所要承担的责任，工程监理单位与建设单位、施工企业串通，弄虚作假，降低工程质量的，责令改正，处以罚款，降低资质等级或者吊销资质证书，没收违法所得，构成犯罪的追究刑事责任。

五、建筑安全生产管理

《建筑法》第四十三条规定：建设行政主管部门负责建筑安全生产的管理，并依法接受劳动行政主管部门对建筑安全生产的指导和监督。建设行政主管部门对建筑安全生产的管理，实行统一管理与分级管理相结合的原则。国务院建设行政主管部门对全国的建筑安全生产实施统一的行业管理，地方人民政府的建设行政主管部门按照自己的职责对本地区的建筑安全生产进行管理。劳动行政主管部门对建筑安全生产实施指导和监督，既包括对直接从事建筑活动的企业和单位的安全生产管理情况的指导和监督，也包括对同级和下级人民政府建设行政主管部门对建筑安全生产活动的行业管理工作的指导和监督。

《建筑法》第四十四条规定：建筑施工企业必须依法加强对建筑安全生产的管理，执行安全生产责任制度，采取有效措施，防止伤亡和其他安全生产事故的发生。建筑施工企业的法定代表人对本企业的安全生产负责。如果一个建筑施工企业是依据《中华人民共和国公司法》设立的建筑工程公司，则根据《中华人民共和国公司法》的规定，该建筑施工企业的法定代表人应为公司的董事长；如果一个建筑施工企业是非公司组织形式的国有企业，依据《中华人民共和国全民所有制工业企业法》的规定，该建筑施工企业的法定代表人应为企业的厂长（经理）。建筑施工企业的法定代表人要摆正安全与生产的关系，做到不安全不生产、生产必须安全，把安全与生产真正统一起来，杜绝"重生产、轻安全"的现象发生。

《建筑法》第四十五条规定：施工现场安全由建筑施工企业负责。实行施工总承包的，由总承包单位负责。分包单位向总承包单位负责，服从总承包单位对施工现场的安全生产管理。施工总承包单位应当对施工现场安全实施统一管理，监督检查分包单位的施工现场安全。分包单位应当在总承包单位的统一管理下，在其分包工程范围内建立施工现场安全管理责任制，并组织实施。

六、建筑工程质量管理

《建筑法》第五十五条规定：建筑工程实行总承包的，工程质量由工程总承包单位负责，总承包单位将建筑工程分包给其他单位的，应当对分包工程的质量与分包单位承担连带责任。分包单位应当接受总承包单位的质量管理。

《建筑法》第五十六条规定：建筑工程的勘察、设计单位必须对其勘察、设计的质量负责。勘察、设计文件应当符合有关法律、行政法规的规定和建筑工程质量、安全标准、建筑工程勘察、设计技术规范以及合同的约定。设计文件选用的建筑材料、建筑构配件和设备，应当注明其规格、型号、性能等技术指标，其质量要求必须符合国家规定的标准。

《建筑法》第五十八条规定：建筑施工企业对工程的施工质量负责。建筑施工企业必须按照工程设计图纸和施工技术标准施工，不得偷工减料。工程设计的修改由原设计单位负责，建筑施工企业不得擅自修改工程设计。

建立工程质量的责任制度，使参与建筑工程勘察、设计、施工的各方都承担相应的责任，有利于加强质量管理，改进和提高工程质量。建筑工程实行总承包的，工程的总承包合同由总承包单位与建设单位签订，因此应当由总承包单位对全面履行合同负责。总承包单位将建筑工程分包给其他单位的，对分包工程的质量，分包单位要负责，而总承包单位也同样要承担责任，这种连带责任的形式加重了双方的责任，可防止总承包单位在将工程分包后推卸责任，同时又可防止分包单位向总承包单位推卸责任。建筑工程的勘察、设计单位必须对其勘察、设计的质量负责。这对加强勘察、设计质量的控制，保证勘察、设计质量有重要作用。建筑施工企业对工程的施工质量负责。这项规定加重了施工企业的责任，实际上也给予了施工企业对施工质量进行管理的权利，防止不承担此项责任的单位或个人对工程施工的不适当干预甚至非法干预。

《建筑法》第五十九条规定：建筑施工企业必须按照工程设计要求、施工技术标准和合同的约定，对建筑材料、建筑构配件和设备进行检验，不合格的不得使用。

《建筑法》第六十一条规定：交付竣工验收的建筑工程，必须符合规定的建筑工程质量标准，有完整的工程技术经济资料和经签署的工程保修书，并具备国家规定的其他竣工条件。建筑工程竣工经验收合格后，方可交付使用；未经验收或者验收不合格的，不得交付使用。这条规定的目的是对工程质量的最终结果严格把关，即使由于质量的隐蔽性，从表面难以检查内在的质量，也要审查其完整的施工资料和工程保修书，以明确责任。对于竣工验收中不负责任的行为，《建筑法》还规定，负责工程竣工验收的部门及其工作人员，对不合格的建筑工程按合格工程验收的，责令改正，对责任人员给予行政处分，构成犯罪的，依法追究刑事责任；造成损失的，由该部门承担相应的赔偿责任。这样的规定有利于增强竣工验收部门及其工作人员的责任感，促使其认真地履行职责。

《建筑法》第六十三条规定：任何单位和个人对建筑工程的质量事故、质量缺陷都有权向建设行政主管部门或者其他有关部门进行检举、控告、投诉。建筑质量问题应当是一个由社会各界都来监督的事项，尤其是在质量事故频频发生、质量缺陷大量存在时更需要群众的监督。

【典型案例】

未通过竣工验收擅自投入生产使用，危险！

2023 年 10 月 17 日，某市应急管理局执法人员在对某烟花制造有限公司进行检查时，发现该企业扩建的吐珠类烟花生产线未通过竣工验收就投入生产使用。执法人员现场责令该企业暂时停止生产，对扩建烟花生产线违法投入使用的现场进行拍照取证，如图 3-10 所示。

图 3-10 违法投入使用的扩建烟花生产线现场

【问题】 该烟花制造有限公司存在哪些违法行为？

【解析】 该公司的上述行为违反了《建筑法》第六十一条规定：建筑工程竣工经验收合格后，方可交付使用；未经验收或者验收不合格的，不得交付使用。

七、法律责任

《建筑法》第六十八条规定：在工程发包与承包中索贿、受贿、行贿，构成犯罪的，依法追究刑事责任；不构成犯罪的，分别处以罚款，没收贿赂的财物，对直接负责的主管人员和其他直接责任人员给予处分。对在工程承包中行贿的承包单位，除依照前款规定处罚外，可以责令停业整顿，降低资质等级或者吊销资质证书。该条是关于在工程发包与承包中的索贿、受贿、行贿的法律责任的规定，这里的"依法追究刑事责任"是指依照《刑法》中有关受贿罪、行贿罪等的规定追究刑事责任。

《建筑法》第六十九条规定：工程监理单位与建设单位或者建筑施工企业串通，弄虚作假、降低工程质量的，责令改正，处以罚款，降低资质等级或者吊销资质证书；有违法所得的，予以没收；造成损失的，承担连带赔偿责任；构成犯罪的，依法追究刑事责任。工程监理单位转让监理业务的，责令改正，没收违法所得，可以责令停业整顿，降低资质等级；情节严重的，吊销资质证书。《建筑法》第三十二条第一款规定：建筑工程监理应当依照法律、行政法规及有关的技术标准、设计文件和建筑工程承包合同，对承包单位在施工质量、建设工期和建设资金使用等方面，代表建设单位实施监督。《建筑法》第三十四条第二款规定：工程监理单位应当根据建设单位的委托，客观、公正地执行监理任务。根据《建筑法》的上述规定，工程监理单位既是受建设单位的委托，作为建设单位的代表对工程的质量、工期和造价进行监督，同时又必须依照法律、行政法规和有关技术标准的规定，客观、公正地执行监理义务，确保建筑工程的质量和安全。工程监理单位违反法律规定，与建设单位或者建筑施工企业串通、弄虚作假、降低工程质量的，应当依照《建筑法》的规定追究其法律责任。

《建筑法》第七十三条规定：建筑设计单位不按照建筑工程质量、安全标准进行设计的，责令改正，处以罚款；造成工程质量事故的，责令停业整顿，降低资质等级或者吊销资质证书，没收违法所得，并处罚款；造成损失的，承担赔偿责任；构成犯罪的，依法追究刑事责任。《建筑法》第五十二条和第五十六条规定：建筑设计的质量必须符合国家有关建筑工程安全标准的要求；建筑工程的设计单位必须对其设计的质量负责，设计文件应当符合有关法律、行政法规的规定和建筑工程质量标准、安全标准。对建筑设计单位不按照建筑工程质量、安全标准进行设计的行为，依照《建筑法》的规定追究法律责任。

《建筑法》第七十四条规定：建筑施工企业在施工中偷工减料的，使用不合格的建筑材料、建筑构配件和设备的，或者有其他不按照工程设计图纸或者施工技术标准施工的行为的，责令改正，处以罚款；情节严重的，责令停业整顿，降低资质等级或者吊销资质证书；造成建筑工程质量不符合规定的质量标准的，负责返工、修理，并赔偿因此造成的损失；构成犯罪的，依法追究刑事责任。《建筑法》第五十二条、第五十八条和第五十九条规定：建筑工程施工的质量必须符合国家有关建筑工程安全标准的要求；建筑施工企业对工程的施工质量负责，必须按照工程设计图纸和施工技术标准施工，不得偷工减料；建筑施工企业必须按照工程设计要求、施工技术标准和合同的约定对建筑材料、建筑构配件和设备进行检验，不合格的不得使用。对施工企业违反上述规定的行为，依照《建筑法》的规定追究其法律责任。

《建筑法》第七十八条规定：政府及其所属部门的工作人员违反本法规定，限定发包单位将招标发包的工程发包给指定的承包单位的，由上级机关责令改正；构成犯罪的，依法追究刑事责任。建筑工程的招标发包，必须遵循"公开、公平、公正"的原则，要做到平等竞争。如果由政府或其所属部门限定招标发包的承包单位，招标活动就失去了本来的意义，成为徒有虚名的假招标。

【典型案例】

某学校体育馆重大坍塌事故

2023年7月23日，某学校体育馆屋顶发生坍塌事故，造成11人死亡、7人受伤，直接经济损失1254.1万元。经事故调查认定，该事故是一起因违法违规修缮建设、违规堆放珍珠岩、珍珠岩堆放致使雨水滞留，导致体育馆屋顶荷载大幅增加，超过承载极限，造成瞬间坍塌的重大生产安全责任事故。事故现场情况如图3-11所示。

事故直接原因：屋面多次维修大量增加荷载，屋面堆放珍珠岩及因珍珠岩堆放造成雨水滞留不断增加荷载，综合作用下屋顶网架结构严重超载、变形，导致屋顶瞬间坍塌。

图 3-11 某学校体育馆重大坍塌事故现场

事故间接原因：①建设单位落实质量和安全生产首要责任不到位，未办理施工许可证擅自开工，对施工单位、监理单位的指导、检查、督促管理缺失，组织虚假竣工验收；②施工单位质量和安全生产主体责任严重缺失，违法违规出借资质，无施工许可证擅自开工，安全管理人员未到岗履职，实际的项目经理不具备执业资格，违法将工程分包给不具备资质的个人，未按设计图纸施工，故意降低工程质量标准，施工现场管理混乱；③监理单位质量和安全生产主体责任不落实，现场监理人员数量不满足监理工作需要，发现施工单位的备案管理人员未到岗履职、现场实际的项目经理不具备执业资格、施工单位未经批准擅自施工等违法违规行为不予制止，未对隐蔽工程进行旁站，伪造监理记录；④行业监管部门履行监管职责不到位。

【问题】 该案例中的有关单位违反了《建筑法》的哪些规定？

【解析】 学校是该项目的建设单位，在未申请领取施工许可证的情况下组织相关单位进场施工，该行为违反了《建筑法》第七条规定：建筑工程开工前，建设单位应当按照国家有关规定向工程所在地县级以上人民政府建设行政主管部门申请领取施工许可证。

建设单位组织虚假竣工验收，违反了《建筑法》第六十一条规定：建筑工程竣工经验收合格后，方可交付使用；未经验收或者验收不合格的，不得交付使用。

施工单位违法违规出借资质，违反了《建筑法》第二十六条规定：禁止建筑施工企业以任何形式允许其他单位或者个人使用本企业的资质证书、营业执照，以本企业的名义承揽工程。

施工单位违法将工程分包给不具备资质的个人，违反了《建筑法》第二十九条规定：禁止总承包单位将工程分包给不具备相应资质条件的单位。

监理单位质量和安全生产主体责任不落实，违反了《建筑法》第三十二条规定：建筑工程监理应当依照法律、行政法规及有关的技术标准、设计文件和建筑工程承包合同，对承包单位在施工质量、建设工期和建设资金使用等方面，代表建设单位实施监督。

行业监管部门履行监管职责不到位，违反了《建筑法》第四十三条规定：建设行政主管部门负责建筑安全生产的管理，并依法接受劳动行政主管部门对建筑安全生产的指导和监督。

单元四 《中华人民共和国行政处罚法》解读

一、概述

(一) 立法目的及适用范围

《中华人民共和国行政处罚法》(以下简称《行政处罚法》) 第一条规定：为了规范行政处罚的设定和实施，保障和监督行政机关有效实施行政管理，维护公共利益和社会秩序，保护公民、法人或者其他组织的合法权益，根据宪法，制定本法。行政处罚是指行政机关依法对违反行政管理秩序的公民、法人或者其他组织，以减损权益或者增加义务的方式予以惩戒的行为。

《行政处罚法》第三条规定：行政处罚的设定和实施，适用本法。《行政处罚法》第四条规定：公民、法人或者其他组织违反行政管理秩序的行为，应当给予行政处罚的，依照本法由法律、法规、规章规定，并由行政机关依照本法规定的程序实施。《行政处罚法》第八十四条规定：外国人、无国籍人、外国组织在中华人民共和国领域内有违法行为，应当给予行政处罚的，适用本法，法律另有规定的除外。

(二) 设定与实施行政处罚的原则

《行政处罚法》第五条规定：行政处罚遵循公正、公开的原则。设定和实施行政处罚必须以事实为依据，与违法行为的事实、性质、情节以及社会危害程度相当。对违法行为给予行政处罚的规定必须公布；未经公布的，不得作为行政处罚的依据。

《行政处罚法》第六条规定：实施行政处罚，纠正违法行为，应当坚持处罚与教育相结合，教育公民、法人或者其他组织自觉守法。

行政处罚的种类

二、行政处罚的种类

《行政处罚法》第九条规定了行政处罚的种类，共六项，如图 3-12 所示。《行政处罚法》第十条规定：法律可以设定各种行政处罚。限制人身自由的行政处罚，只能由法律设定。

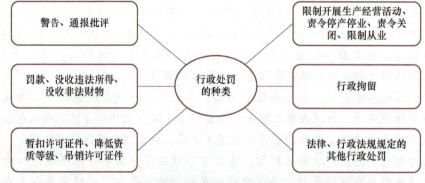

图 3-12 行政处罚的种类

【素养园地】

网络空间造谣损害他人名誉，遭行政拘留

2021年5月，李某某向某县公安局报案称，胡某通过网络平台发布李某某盗窃、贪污村民"直补钱"等言论。某县公安局依法传唤胡某，并制作询问笔录，证实胡某通过网络平台进行直播，直播内容为李某某"盗窃"其钱款等某县公安局根据调查取证的事实作出行政处罚决定，对胡某行政拘留三日。胡某不服，起诉至法院。

胡某诉争事实已经人民法院审理并作出判决，在现有证据无法认定系李某某占用胡某"直补钱"的情况下，胡某捏造李某某"盗窃"自己"直补钱"等内容，在网络平台上进行发布，并在其直播间与他人互动，造成恶劣影响。某县公安局据此作出行政处罚决定并无不当。

【素养启示】 网络无边际、安全有界限。依法治网、依法办网、依法上网、让互联网在法治轨道上健康运行，是维护网络安全、净化网络生态的重要环节。网络空间不是"法外之地"，网络空间是虚拟的，但运用网络空间的主体是现实的，使用主体都应该遵守法律法规等规定，正确、合法、正当地使用新媒体，做到不信谣、不传谣、不造谣，让我们的网络空间更加清朗。

三、行政处罚的管辖

《行政处罚法》第二十二条规定：行政处罚由违法行为发生地的行政机关管辖。法律、行政法规、部门规章另有规定的，从其规定。

《行政处罚法》第二十三条规定：行政处罚由县级以上地方人民政府具有行政处罚权的行政机关管辖。法律、行政法规另有规定的，从其规定。

《行政处罚法》第二十五条规定：两个以上行政机关都有管辖权的，由最先立案的行政机关管辖。对管辖发生争议的，应当协商解决，协商不成的，报请共同的上一级行政机关指定管辖；也可以直接由共同的上一级行政机关指定管辖。

《行政处罚法》第二十七条规定：违法行为涉嫌犯罪的，行政机关应当及时将案件移送司法机关，依法追究刑事责任。对依法不需要追究刑事责任或者免予刑事处罚，但应当给予行政处罚的，司法机关应当及时将案件移送有关行政机关。行政处罚实施机关与司法机关之间应当加强协调配合，建立健全案件移送制度，加强证据材料移交、接收衔接，完善案件处理信息通报机制。

《行政处罚法》第二十九条规定：对当事人的同一个违法行为，不得给予两次以上罚款的行政处罚。同一个违法行为违反多个法律规范应当给予罚款处罚的，按照罚款数额高的规定处罚。

四、行政处罚的实施

（一）实施机关

《行政处罚法》第十七条规定：行政处罚由具有行政处罚权的行政机关在法定职权范围内实施。

《行政处罚法》第十八条规定：国家在城市管理、市场监管、生态环境、文化市场、交通运输、应急管理、农业等领域推行建立综合行政执法制度，相对集中行政处罚权。国务院或者省、自治区、直辖市人民政府可以决定一个行政机关行使有关行政机关的行政处罚权。限制人身自由的行政处罚权只能由公安机关和法律规定的其他机关行使。

（二）行政处罚的决定

《行政处罚法》第三十九条规定：行政处罚的实施机关、立案依据、实施程序和救济渠道等信息应当公示。

《行政处罚法》第四十条规定：公民、法人或者其他组织违反行政管理秩序的行为，依法应当给予行政处罚的，行政机关必须查明事实；违法事实不清、证据不足的，不得给予行政处罚。

《行政处罚法》第四十二条规定：行政处罚应当由具有行政执法资格的执法人员实施。执法人员不得少于两人，法律另有规定的除外。执法人员应当文明执法，尊重和保护当事人合法权益。

《行政处罚法》第四十四条规定：行政机关在作出行政处罚决定之前，应当告知当事人拟作出的行政处罚内容及事实、理由、依据，并告知当事人依法享有的陈述、申辩、要求听证等权利。

行政机关向当事人下达的行政处罚听证告知书，会载明当事人的违法事实、调查证据、行政处罚依据及内容，并告知当事人依法享有的陈述、申辩、要求听证等权利。行政处罚听证告知书示例如图 3-13 所示。

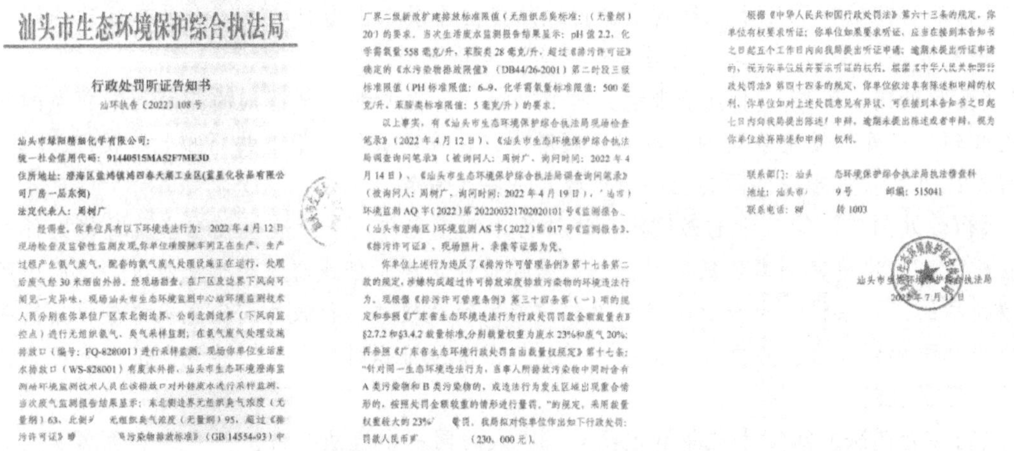

汕头市生态环境保护综合执法局

行政处罚听证告知书

汕环执告〔2022〕108 号

汕头市绿翔精细化学有限公司：

统一社会信用代码：91440515MA52F7ME3D

住所地址：澄海区盐鸿镇鸿四春天湖工业区(蓝星化妆品有限公司厂房一层东侧)

法定代表人：周树广

经调查，你单位具有以下环境违法行为：2022 年 4 月 12 日现场检查及监督性监测发现，你单位缩胺釜车间正在生产、生产过程产生氨气废气，配套的氨气废气处理设施正在运行，处理后废气经 30 米烟囱外排。经现场勘查，在厂区及边界下风向可闻见一定异味，现场汕头市生态环境监测中心站环境监测技术人员分别在你单位厂区东北侧边界、公司北侧边界（下风向监控点）进行无组织氨气、臭气采样监测；在氨气废气处理设施排放口（编号：FQ-828001）进行采样监测。现场你单位生活废水排放口（WS-828001）有废水外排，汕头市生态环境澄海监测站环境监测技术人员在该排放口对外排废水进行采样监测。当次废气监测报告结果显示：东北侧边界无组织臭气浓度（无量纲）63、北侧边界无组织臭气浓度（无量纲）95，超过《排污许可证》确定的《恶臭污染物排放标准》（GB 14554-93）中厂界二级新改扩建排放标准限值（无组织恶臭标准：（无量纲）20）的要求。当次生活废水监测报告结果显示：pH 值 2.2，化学需氧量 558 毫克/升，苯胺类 28 毫克/升，超过《排污许可证》确定的《水污染物排放限值》（DB44/26-2001）第二时段三级标准限值（PH 标准限值：6~9，化学需氧量标准限值：500 毫克/升，苯胺类标准限值：5 毫克/升）的要求。

以上事实，有《汕头市生态环境保护综合执法局现场检查笔录》（2022 年 4 月 12 日）、《汕头市生态环境保护综合执法局调查询问笔录》（被询问人：周树广，询问时间：2022 年 4 月 14 日）、《汕头市生态环境保护综合执法局调查询问笔录》（被询问人：周树广，询问时间：2022 年 4 月 19 日）、（汕市）环境监测 AQ 字（2022）第 20220032170202010l 号《监测报告》、（汕头市澄海区）环境监测 AS 字（2022）第 017 号《监测报告》、《排污许可证》、现场照片、录像等证据为凭。

你单位上述行为违反了《排污许可管理条例》第十七条第二款的规定，涉嫌构成超过许可排放浓度排放污染物的环境违法行为。现根据《排污许可管理条例》第三十四条第（一）项的规定和参照《广东省生态环境违法行为行政处罚罚款金额裁量表》§2.7.2 和§3.4.2 裁量标准，分别裁量权重为废水 23%和废气 20%；再参照《广东省生态环境行政处罚自由裁量权规定》第十七条：“针对同一生态环境违法行为，当事人所排放污染物中同时含有 A 类污染物和 B 类污染物的，或违法行为发生区域出现重合情形的，按照处罚金额较重的情形进行量罚。”的规定，采用裁量权重较大的 23%　量罚。我局拟对你单位作出如下行政处罚：罚款人民币贰　（230，000 元）。

根据《中华人民共和国行政处罚法》第六十三条的规定，你单位有权要求听证；你单位如果要求听证，应当在接到本告知书之日起五个工作日内向我局提出听证申请；逾期未提出听证申请的，视为你单位放弃要求听证的权利。根据《中华人民共和国行政处罚法》第四十四条的规定，你单位依法享有陈述和申辩的权利，你单位如对上述处罚意见有异议，可在接到本告知书之日起七日内向我局提出陈述、申辩，逾期未提出陈述或者申辩，视为你单位放弃陈述和申辩　权利。

联系部门：汕头　态环境保护综合执法局执法稽查科

地址：汕头市　9 号　邮编：515041

联系电话：88　转 1003

汕头市生态环境保护综合执法局

202　年 7 月 1　日

图 3-13　行政处罚听证告知书示例

《行政处罚法》第四十五条规定：当事人有权进行陈述和申辩。行政机关必须充分听取当事人的意见，对当事人提出的事实、理由和证据，应当进行复核；当事人提出的事实、理由或者证据成立的，行政机关应当采纳。行政机关不得因当事人陈述、申辩而给予更重的处罚。

《行政处罚法》第四十八条规定：具有一定社会影响的行政处罚决定应当依法公开。

《行政处罚法》第四十九条规定：发生重大传染病疫情等突发事件，为了控制、减轻和消除突发事件引起的社会危害，行政机关对违反突发事件应对措施的行为，依法快速、从重处罚。

（三）行政处罚的执行

《行政处罚法》第六十六条规定：行政处罚决定依法作出后，当事人应当在行政处罚决定书载明的期限内，予以履行。当事人确有经济困难，需要延期或者分期缴纳罚款的，经当事人申请和行政机关批准，可以暂缓或者分期缴纳。

《行政处罚法》第七十二条规定：当事人逾期不履行行政处罚决定的，作出行政处罚决定的行政机关可以采取下列措施：①到期不缴纳罚款的，每日按罚款数额的百分之三加处罚款，加处罚款的数额不得超出罚款的数额；②根据法律规定，将查封、扣押的财物拍卖、依法处理或者将冻结的存款、汇款划拨抵缴罚款；③根据法律规定，采取其他行政强制执行方式；④依照《中华人民共和国行政强制法》的规定申请人民法院强制执行。行政机关批准延期、分期缴纳罚款的，申请人民法院强制执行的期限，自暂缓或者分期缴纳罚款期限结束之日起计算。

《行政处罚法》第七十三条规定：当事人对行政处罚决定不服，申请行政复议或者提起行政诉讼的，行政处罚不停止执行，法律另有规定的除外。当事人对限制人身自由的行政处罚决定不服，申请行政复议或者提起行政诉讼的，可以向作出决定的机关提出暂缓执行申请。符合法律规定情形的，应当暂缓执行。当事人申请行政复议或者提起行政诉讼的，加处罚款的数额在行政复议或者行政诉讼期间不予计算。

【典型案例】

当事人不服行政复议的，可提出行政诉讼

王某某作为个体经营者，在与某管委会签订优先供地合同后，未取得规划许可证擅自建设11000平方米钢结构厂房。当地自然资源和规划局经调查认定王某某的涉案厂房紧邻高速公路，属于无法采取改正措施消除对规划影响的情形，遂责令王某某限期拆除，王某某不服向当地市政府申请行政复议，复议维持后，王某某向当地中级人民法院提起行政诉讼。

【问题】 当事人王某某不服行政复议，是否可提出行政诉讼？

【解析】 《行政处罚法》第七条规定：公民、法人或者其他组织对行政机关所给予的行政处罚，享有陈述权、申辩权；对行政处罚不服的，有权依法申请行政复议或者提起行政诉讼。根据该条规定，当事人王某某不服行政复议，可提出行政诉讼。

【问题】 行政诉讼期间，行政机关是否需要委派负责人出庭？

【解析】 因本案涉及公民的重大财产权益，同时涉及当地工业园区的管理规范等问题，作出原行政行为的行政机关自然资源和规划局的正职负责人以及复议机关市政府的副职负责人，都主动表示依法出庭应诉。自然资源和规划局正职负责人对案件涉及的具体专业性问题进行了解释说明，并发表了辩论意见，对法律适用问题进行了充分阐述。市政府副职负责人针对案件争议的焦点发表辩论意见，准确指出通过案件审理发现政府工作中存在的问题，并对行政复议决定存在的瑕疵向原告道歉，对原告选择法治方式维权表示敬意，同时分析说明原告主张的权益无法得到法律保护的原因，并建议原告主动拆除违法建筑。庭审结束后，原

告申请撤诉。

【案例启示】 有共同被告的行政案件，可以由共同被告协商确定行政机关负责人出庭应诉，也可以由人民法院确定。复议机关作共同被告的行政案件，共同被告之间协商由作出原行政行为的行政机关委派负责人出庭，人民法院一般予以认可；复议机关同时委派负责人出庭应诉的，人民法院应当予以鼓励与支持，必要时也可以通知共同被告的负责人同时出庭应诉。本案中，共同被告均主动委派负责人出庭，且出庭负责人从不同角度切实发挥了重要作用，有助于行政机关认识到执法工作中存在的不足或瑕疵，消除行政相对人的负面情绪，有助于人民群众提高依法维护合法权益的意识与水平，对推进法治国家、法治政府、法治社会一体建设具有重要意义。

模块四

消防安全相关法规解读 <<<

学习目标

知识目标：
1. 认识消防安全相关法规的具体条文规定。
2. 概括消防安全相关法规的主要内容。
3. 总结消防安全相关法规的法律责任，并进行比较。

能力目标：
1. 能解读消防安全相关法规有关内容条款。
2. 能运用消防安全相关法规分析消防安全违法案例。
3. 能运用消防安全相关法规解决工作和生活中的实际问题。

素质目标：
1. 具有良好的消防安全法规素养。
2. 增强自觉遵守消防安全法规的意识。
3. 提高消防安全的风险意识。

思维导图

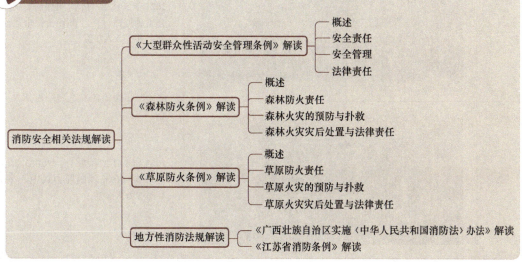

单元一 《大型群众性活动安全管理条例》解读

一、概述

(一) 立法目的及适用范围

《大型群众性活动安全管理条例》第一条规定：为了加强对大型群众性活动的安全管理，保护公民生命和财产安全，维护社会治安秩序和公共安全，制定本条例。

《大型群众性活动安全管理条例》第二条规定：本条例所称大型群众性活动，是指法人或者其他组织面向社会公众举办的每场次预计参加人数达到 1000 人以上的下列活动：①体育比赛活动；②演唱会、音乐会等文艺演出活动；③展览、展销等活动；④游园、灯会、庙会、花会、焰火晚会等活动；⑤人才招聘会、现场开奖的彩票销售等活动。影剧院、音乐厅、公园、娱乐场所等在其日常业务范围内举办的活动，不适用本条例的规定。影剧院、音乐厅、公园、娱乐场所等在其业务范围内举办的活动虽然符合大型群众性活动的特征，但是已通过相关部门依法经营许可，其安全问题可以纳入日常公共安全进行管理，因而明确此类活动不适用该条例的规定。

【典型案例】

表 4-1 展示了近年来各地举办的部分大型活动。请同学们讨论，依据《大型群众性活动安全管理条例》的规定，这些大型活动是否属于大型群众性活动？

表 4-1　近年来各地举办的部分大型活动

序号	活动图片	活动描述
1		2021 年 5 月 22 日，"第四届黄河石林百公里越野赛"在甘肃省白银市景泰县举办，共 172 人参赛
2		2023 年 5 月 27—28 日，"2023 长沙草莓音乐节"在长沙国际会展中心举办，两日超 5 万人参加

（续）

序号	活动图片	活动描述
3		2023年4月22日，南宁市武鸣区"壮族三月三"文化旅游节启动，在主城区、各景区、各镇开展共23项系列活动

（二）方针与原则

《大型群众性活动安全管理条例》第三条规定：大型群众性活动的安全管理应当遵循"安全第一、预防为主"的方针，坚持"承办者负责、政府监管"的原则。大型群众性活动承办者对活动的安全负责，并负责具体实施各项安全工作，公安机关代表政府对活动的安全工作实施监督管理。该规定避免了以往承办者只享受利益，不承担风险的现象，实现了风险与利益共担，保证了权利与义务的统一，有利于保证大型群众性活动安全顺利进行。

二、安全责任

（一）大型群众性活动承办者的职责

《大型群众性活动安全管理条例》第五条规定：大型群众性活动的承办者（以下简称承办者）对其承办活动的安全负责，承办者的主要负责人为大型群众性活动的安全责任人。

《大型群众性活动安全管理条例》第七条规定：承办者具体负责下列安全事项：①落实大型群众性活动安全工作方案和安全责任制度，明确安全措施、安全工作人员岗位职责，开展大型群众性活动安全宣传教育；②保障临时搭建的设施、建筑物的安全，消除安全隐患；③按照负责许可的公安机关的要求，配备必要的安全检查设备，对参加大型群众性活动的人员进行安全检查，对拒不接受安全检查的，承办者有权拒绝其进入；④按照核准的活动场所容纳人员数量、划定的区域发放或者出售门票；⑤落实医疗救护、灭火、应急疏散等应急救援措施并组织演练；⑥对妨碍大型群众性活动安全的行为及时予以制止，发现违法犯罪行为及时向公安机关报告；⑦配备与大型群众性活动安全工作需要相适应的专业保安人员以及其他安全工作人员；⑧为大型群众性活动的安全工作提供必要的保障。

大型群众性活动承办者的安全职责

《大型群众性活动安全管理条例》第六条规定：举办大型群众性活动，承办者应当制订大型群众性活动安全工作方案。大型群众性活动安全工作方案的内容如图4-1所示。

（二）大型群众性活动场所管理者的职责

《大型群众性活动安全管理条例》第八条规定：大型群众性活动的场所管理者具体负责下列安全事项。

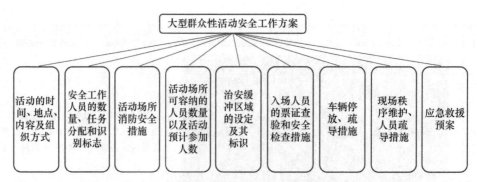

图 4-1 大型群众性活动安全工作方案的内容

(1) 保障活动场所、设施符合国家安全标准和安全规定。
(2) 保障疏散通道、安全出口、消防车通道、应急广播、应急照明、疏散指示标志符合法律、法规、技术标准的规定。
(3) 保障监控设备和消防设施、器材配置齐全、完好有效。
(4) 提供必要的停车场地,并维护安全秩序。

(三) 参加大型群众性活动人员的职责

《大型群众性活动安全管理条例》第九条规定:参加大型群众性活动的人员应当遵守下列规定。

(1) 遵守法律、法规和社会公德,不得妨碍社会治安、影响社会秩序。
(2) 遵守大型群众性活动场所治安、消防等管理制度,接受安全检查,不得携带爆炸性、易燃性、放射性、毒害性、腐蚀性等危险物质或者非法携带枪支、弹药、管制器具。
(3) 服从安全管理,不得展示侮辱性标语、条幅等物品,不得围攻裁判员、运动员或者其他工作人员,不得投掷杂物。

(四) 公安机关的职责

《大型群众性活动安全管理条例》第十条规定:公安机关应当履行下列职责。

(1) 审核承办者提交的大型群众性活动申请材料,实施安全许可。
(2) 制订大型群众性活动安全监督方案和突发事件处置预案。
(3) 指导对安全工作人员的教育培训。
(4) 在大型群众性活动举办前,对活动场所组织安全检查,发现安全隐患及时责令改正。
(5) 在大型群众性活动举办过程中,对安全工作的落实情况实施监督检查,发现安全隐患及时责令改正。
(6) 依法查处大型群众性活动中的违法犯罪行为,处置危害公共安全的突发事件。

三、安全管理

(一) 安全许可制度

《大型群众性活动安全管理条例》第十一条规定:公安机关对大型群众性活动实行安全许可制度。考虑到对营业性演出活动的安全许可已经有专门的行政法规进行规范,为使行政法规之间相互衔接,《大型群众性活动安全管理条例》规定:《营业性演出管理条例》对演出活动的安全管理另有规定的，从其规定。此外，对于县级以上各级人民政府、国务院部门直接举办的大型群众性活动，《大型群众性活动安全管理条例》规定，由举办活动的人民政府、国务院部门负责活动的安全保卫工作，不实行安全许可制度，但应当按照《大型群众性活动安全管理条例》的有关规定，责成或者会同有关公安机关制订更加严格的安全保卫工作方案，并组织实施。

《大型群众性活动安全管理条例》第十二条规定不同规模的大型群众性活动，应由相应级别的公安机关负责实施安全许可，具体规定见表 4-2。

表 4-2　大型群众性活动实施安全许可的公安机关级别

序号	大型群众性活动的规模	实施安全许可的公安机关级别
1	预计参加人数在 1000 人以上 5000 人以下	活动所在地县级人民政府公安机关
2	预计参加人数在 5000 人以上	活动所在地设区的市级人民政府公安机关或者直辖市人民政府公安机关
3	跨省、自治区、直辖市举办的大型群众性活动	国务院公安部门

承办者应当在活动举办日的 20 日前提出安全许可申请。公安机关收到申请材料后应当依法作出受理或者不予受理的决定。对受理的申请，应当自受理之日起 7 日内进行审查，对活动场所进行查验，对符合安全条件的，作出许可的决定；对不符合安全条件的，作出不予许可的决定，并书面说明理由。对经安全许可的大型群众性活动，承办者不得擅自变更活动的时间、地点、内容或者扩大大型群众性活动的举办规模。

举办大型群众性活动应当符合下列条件。

（1）承办者是依照法定程序成立的法人或者其他组织。

（2）大型群众性活动的内容不得违反宪法、法律、法规的规定，不得违反社会公德。

（3）具有符合《大型群众性活动安全管理条例》规定的安全工作方案，安全责任明确、措施有效。

（4）活动场所、设施符合安全要求。

（二）安全保障措施

《大型群众性活动安全管理条例》第十六条规定：对经安全许可的大型群众性活动，公安机关根据安全需要组织相应警力，维持活动现场周边的治安、交通秩序，预防和处置突发治安事件，查处违法犯罪活动。

《大型群众性活动安全管理条例》第十八条规定：承办者发现进入活动场所的人员达到核准数量时，应当立即停止验票；发现持有划定区域以外的门票或者持假票的人员，应当拒绝其入场并向活动现场的公安机关工作人员报告。

《大型群众性活动安全管理条例》第十九条规定：在大型群众性活动举办过程中发生公共安全事故、治安案件的，安全责任人应当立即启动应急救援预案，并立即报告公安机关。

四、法律责任

（一）大型群众性活动承办者或者场所管理者的法律责任

《大型群众性活动安全管理条例》第二十条规定：承办者擅自变更大型群众性活动的时

间、地点、内容或者擅自扩大大型群众性活动的举办规模的，由公安机关处 1 万元以上 5 万元以下罚款；有违法所得的，没收违法所得。未经公安机关安全许可的大型群众性活动由公安机关予以取缔，对承办者处 10 万元以上 30 万元以下罚款。

《大型群众性活动安全管理条例》第二十一条规定：承办者或者大型群众性活动场所管理者违反本条例规定致使发生重大伤亡事故、治安案件或者造成其他严重后果构成犯罪的，依法追究刑事责任；尚不构成犯罪的，对安全责任人和其他直接责任人员依法给予处分、治安管理处罚，对单位处 1 万元以上 5 万元以下罚款。

《大型群众性活动安全管理条例》第二十二条规定：在大型群众性活动举办过程中发生公共安全事故，安全责任人不立即启动应急救援预案或者不立即向公安机关报告的，由公安机关对安全责任人和其他直接责任人员处 5000 元以上 5 万元以下罚款。

【典型案例】

大型群众性活动安全事故案

2014 年 4 月 29 日上午，陈某某在未向公安机关申请备案，未经审批、许可的情况下，在某村组织举办大型群众性庙会活动。当日 10 时 30 分许，在该庙会进行过程中，因燃放爆竹发生安全事故，造成赶庙会的小孩陈某甲死亡。案发后双方民事部分已达成和解。

【问题】 陈某某违反了哪些规定？应当如何处罚？

【解析】 依据《大型群众性活动安全管理条例》规定，公安机关对大型群众性活动实行安全许可制度，陈某某在未经审批、许可的情况下组织举办大型群众性庙会活动属于违法行为。活动发生安全事故，造成一人死亡，依法应被追究刑事责任。法院认为，陈某某举办大型群众性活动违反安全管理规定，因而造成一人死亡的严重后果，其行为已构成大型群众性活动安全事故罪，公安机关指控的罪名成立，法院予以支持。裁判结果：被告人陈某某犯大型群众性活动安全事故罪，判处有期徒刑一年，缓刑二年。

（二）参加大型群众性活动人员的法律责任

《大型群众性活动安全管理条例》第二十三条规定：参加大型群众性活动的人员有违反本条例第九条规定行为的，由公安机关给予批评教育；有危害社会治安秩序、威胁公共安全行为的，公安机关可以将其强行带离现场，依法给予治安管理处罚；构成犯罪的，依法追究刑事责任。

单元二 《森林防火条例》解读

一、概述

《森林防火条例》包括总则、森林火灾的预防、森林火灾的扑救、灾后处置、法律责任、附则，共六章五十六条。

（一）立法的目的及适用范围

《森林防火条例》第一条规定：为了有效预防和扑救森林火灾，保障

森林防火条例

人民生命财产安全,保护森林资源,维护生态安全,根据《中华人民共和国森林法》,制定本条例。《森林防火条例》的作用是有效预防和扑救森林火灾,保障人民生命财产安全,保护森林资源和生物多样性,维护生态安全。通过加强森林防火工作,可以有效地控制和减少森林火灾的发生,保障人民群众的生命财产安全,保护国家宝贵的森林资源,为人民群众创造一个优美的生产生活环境。

《森林防火条例》第二条规定:本条例适用于中华人民共和国境内森林火灾的预防和扑救。但是,城市市区的除外。

(二) 总体宗旨、总体方针与总体机制

1. 总体宗旨

《森林防火条例》作为一部专门针对森林火灾防控的法律法规,其总体宗旨在于以预防为主,通过科学有效的措施,减少森林火灾的发生,保护森林资源和生态环境,同时确保人民生命财产的安全。该条例强调森林防火工作的主动性和前瞻性,将预防作为首要任务,通过加强森林防火宣传教育、完善防火设施、建立健全防火机制等手段,提高全社会对森林火灾的防范意识和应对能力。同时,《森林防火条例》也注重生态保护和可持续发展。森林作为地球上最重要的生态系统之一,对于维护生态平衡、净化空气、涵养水源等具有不可替代的作用。通过森林防火工作,可以有效保护森林资源,维护生态系统的稳定和健康,为可持续发展奠定坚实基础。

2. 总体方针

我国森林防火工作实行"预防为主、积极消灭"的方针。这意味着在森林防火工作中,要始终把预防放在首位,通过采取各种措施降低火灾发生的概率;同时,在火灾发生时,要迅速、有效地进行扑救,以最大限度地减少火灾造成的损失。

3. 总体机制

国家森林防火指挥机构负责组织、协调和指导全国的森林防火工作。各级人民政府林业主管部门负责本行政区域森林防火的监督和管理工作,承担本级人民政府森林防火指挥机构的日常工作。此外,森林防火工作涉及两个以上行政区域的,有关地方人民政府应当建立森林防火联防机制,确定联防区域,建立联防制度,实行信息共享,并加强监督检查。

二、森林防火责任

(一) 国家森林防火指挥机构的职责

《森林防火条例》第四条规定:国家森林防火指挥机构负责组织、协调和指导全国的森林防火工作。国务院林业主管部门负责全国森林防火的监督和管理工作,承担国家森林防火指挥机构的日常工作。国务院其他有关部门按照职责分工,负责有关的森林防火工作。

(二) 地方各级人民政府的职责

《森林防火条例》第五条规定:森林防火工作实行地方各级人民政府行政首长负责制。县级以上地方人民政府根据实际需要设立的森林防火指挥机构,负责组织、协调和指导本行政区域的森林防火工作。县级以上地方人民政府林业主管部门负责本行政区域森林防火的监督和管理工作,承担本级人民政府森林防火指挥机构的日常工作。县级以上地方人民政府其他有关部门按照职责分工,负责有关的森林防火工作。

（三）森林、林木、林地的经营单位和个人的职责

《森林防火条例》第六条规定：森林、林木、林地的经营单位和个人，在其经营范围内承担森林防火责任。

三、森林火灾的预防与扑救

（一）森林火灾的预防

1. 编制森林防火规划

《森林防火条例》第十三条规定：省、自治区、直辖市人民政府林业主管部门应当按照国务院林业主管部门制定的森林火险区划等级标准，以县为单位确定本行政区域的森林火险区划等级，向社会公布，并报国务院林业主管部门备案。

《森林防火条例》第十四条规定：国务院林业主管部门应当根据全国森林火险区划等级和实际工作需要，编制全国森林防火规划，报国务院或者国务院授权的部门批准后组织实施。

县级以上地方人民政府林业主管部门根据全国森林防火规划，结合本地实际，编制本行政区域的森林防火规划，报本级人民政府批准后组织实施。

2. 编制森林火灾应急预案

《森林防火条例》第十六条规定：国务院林业主管部门应当按照有关规定编制国家重大、特别重大森林火灾应急预案，报国务院批准。县级以上地方人民政府林业主管部门应当按照有关规定编制森林火灾应急预案，报本级人民政府批准，并报上一级人民政府林业主管部门备案。县级人民政府应当组织乡（镇）人民政府根据森林火灾应急预案制定森林火灾应急处置办法；村民委员会应当按照森林火灾应急预案和森林火灾应急处置办法的规定，协助做好森林火灾应急处置工作。县级以上人民政府及其有关部门应当组织开展必要的森林火灾应急预案的演练。如图4-2所示为森林消防救援队伍根据应急预案开展应急演练。

根据《森林防火条例》第十七条规定，森林火灾应急预案应当包括以下内容。

（1）森林火灾应急组织指挥机构及其职责。

（2）森林火灾的预警、监测、信息报告和处理。

（3）森林火灾的应急响应机制和措施。

（4）资金、物资和技术等保障措施。

（5）灾后处置。

图4-2　森林消防救援队伍根据应急预案开展应急演练

3. 建立防火责任制

《森林防火条例》第二十条规定：森林、林木、林地的经营单位和个人应当按照林业主管部门的规定，建立森林防火责任制，划定森林防火责任区，确定森林防火责任人，并配备森林防火设施和设备。

4. 建设火灾扑救队伍

《森林防火条例》第二十一条规定：地方各级人民政府和国有林业企业、事业单位应当根据实际需要，成立森林火灾专业扑救队伍；县级以上地方人民政府应当指导森林经营单位和林区的居民委员会、村民委员会、企业、事业单位建立森林火灾群众扑救队伍。专业的和群众的火灾扑救队伍应当定期进行培训和演练。

（二）森林火灾的扑救

1. 报警

《森林防火条例》第三十一条规定：县级以上地方人民政府应当公布森林火警电话，建立森林防火值班制度。任何单位和个人发现森林火灾，应当立即报告。接到报告的当地人民政府或者森林防火指挥机构应当立即派人赶赴现场，调查核实，采取相应的扑救措施，并按照有关规定逐级报上级人民政府和森林防火指挥机构。

2. 处置

《森林防火条例》第三十三条规定：发生森林火灾，县级以上地方人民政府森林防火指挥机构应当按照规定立即启动森林火灾应急预案；发生重大、特别重大森林火灾，国家森林防火指挥机构应当立即启动重大、特别重大森林火灾应急预案。森林火灾应急预案启动后，有关森林防火指挥机构应当在核实火灾准确位置、范围以及风力、风向、火势的基础上，根据火灾现场天气、地理条件，合理确定扑救方案，划分扑救地段，确定扑救责任人，并指定负责人及时到达森林火灾现场具体指挥森林火灾的扑救。

《森林防火条例》第三十四条规定：森林防火指挥机构应当按照森林火灾应急预案，统一组织和指挥森林火灾的扑救。扑救森林火灾，应当坚持以人为本、科学扑救，及时疏散、撤离受火灾威胁的群众，并做好火灾扑救人员的安全防护，尽最大可能避免人员伤亡。如图4-3所示为消防救援队伍开展森林火灾扑救。

图4-3 消防救援队伍开展森林火灾扑救

四、森林火灾灾后处置与法律责任

（一）灾后处置

1. 森林火灾等级划分

《森林防火条例》第四十条规定：按照受害森林面积和伤亡人数，森林火灾分为一般森林火灾、较大森林火灾、重大森林火灾和特别重大森林火灾。

（1）一般森林火灾：受害森林面积在1公顷以下或者其他林地起火的，或者死亡1人以上3人以下的，或者重伤1人以上10人以下的。

（2）较大森林火灾：受害森林面积在1公顷以上100公顷以下的，或者死亡3人以上10人以下的，或者重伤10人以上50人以下的。

（3）重大森林火灾：受害森林面积在100公顷以上1000公顷以下的，或者死亡10人以上30人以下的，或者重伤50人以上100人以下的。

（4）特别重大森林火灾：受害森林面积在 1000 公顷以上的，或者死亡 30 人以上的，或者重伤 100 人以上的。

本条第一款所称"以上"包括本数，"以下"不包括本数。

2. 事故调查

《森林防火条例》第四十一条规定：县级以上人民政府林业主管部门应当会同有关部门及时对森林火灾发生原因、肇事者、受害森林面积和蓄积、人员伤亡、其他经济损失等情况进行调查和评估，向当地人民政府提出调查报告；当地人民政府应当根据调查报告，确定森林火灾责任单位和责任人，并依法处理。森林火灾损失评估标准，由国务院林业主管部门会同有关部门制定。

（二）法律责任

《森林防火条例》第四十七条规定：违反本条例规定，县级以上地方人民政府及其森林防火指挥机构、县级以上人民政府林业主管部门或者其他有关部门及其工作人员，有下列行为之一的，由其上级行政机关或者监察机关责令改正；情节严重的，对直接负责的主管人员和其他直接责任人员依法给予处分；构成犯罪的，依法追究刑事责任。

（1）未按照有关规定编制森林火灾应急预案的。

（2）发现森林火灾隐患未及时下达森林火灾隐患整改通知书的。

（3）对不符合森林防火要求的野外用火或者实弹演习、爆破等活动予以批准的。

（4）瞒报、谎报或者故意拖延报告森林火灾的。

（5）未及时采取森林火灾扑救措施的。

（6）不依法履行职责的其他行为。

《森林防火条例》第四十八条规定：违反本条例规定，森林、林木、林地的经营单位或者个人未履行森林防火责任的，由县级以上地方人民政府林业主管部门责令改正，对个人处 500 元以上 5000 元以下罚款，对单位处 1 万元以上 5 万元以下罚款。

《森林防火条例》第四十九条规定：违反本条例规定，森林防火区内的有关单位或者个人拒绝接受森林防火检查或者接到森林火灾隐患整改通知书逾期不消除火灾隐患的，由县级以上地方人民政府林业主管部门责令改正，给予警告，对个人并处 200 元以上 2000 元以下罚款，对单位并处 5000 元以上 1 万元以下罚款。

《森林防火条例》第五十条规定：违反本条例规定，森林防火期内未经批准擅自在森林防火区内野外用火的，由县级以上地方人民政府林业主管部门责令停止违法行为，给予警告，对个人并处 200 元以上 3000 元以下罚款，对单位并处 1 万元以上 5 万元以下罚款。

《森林防火条例》第五十一条规定：违反本条例规定，森林防火期内未经批准在森林防火区内进行实弹演习、爆破等活动的，由县级以上地方人民政府林业主管部门责令停止违法行为，给予警告，并处 5 万元以上 10 万元以下罚款。

《森林防火条例》第五十二条规定：违反本条例规定，有下列行为之一的，由县级以上地方人民政府林业主管部门责令改正，给予警告，对个人并处 200 元以上 2000 元以下罚款，对单位并处 2000 元以上 5000 元以下罚款。

（1）森林防火期内，森林、林木、林地的经营单位未设置森林防火警示宣传标志的。

（2）森林防火期内，进入森林防火区的机动车辆未安装森林防火装置的。

（3）森林高火险期内，未经批准擅自进入森林高火险区活动的。

《森林防火条例》第五十三条规定：违反本条例规定，造成森林火灾，构成犯罪的，依法追究刑事责任；尚不构成犯罪的，除依照本条例第四十八条、第四十九条、第五十条、第五十一条、第五十二条的规定追究法律责任外，县级以上地方人民政府林业主管部门可以责令责任人补种树木。

【典型案例】

某县特大森林火灾

2022年3月3日，贵州省某县王某某在自家责任田内焚烧杂草，不慎引发森林火灾，过火面积699.6亩⊖，如图4-4所示。

图4-4 森林火灾过后的样貌

【问题】 王某某会受到什么样的处罚？

【解析】 经鉴定，根据《森林防火条例》第五十三条规定，2022年4月21日，经属地人民法院审理认为，王某某擅自野外用火引发森林火灾，致使大面积林地被烧毁，严重破坏生态环境资源，使国家、集体财产遭受重大损失，给社会公共利益造成严重损害。其行为已构成失火罪，综合各种情节，依法以失火罪判处王某某有期徒刑三年，缓刑四年；并按照要求补种377.6亩林木及进行管护，且应通过验收。

单元三 《草原防火条例》解读

一、概述

《草原防火条例》包括总则、草原火灾的预防、草原火灾的扑救、善后工作、奖励与处罚、附则，共六章三十六条。

⊖ 1亩≈666.6m^2。

(一) 立法的目的及适用范围

草原防火条例

《草原防火条例》第一条规定：为了加强草原防火工作，积极预防和扑救草原火灾，保护草原，保障人民生命和财产安全，根据《中华人民共和国草原法》，制定本条例。这一立法目的体现了国家对草原防火工作的高度重视，以及对草原资源和人民生命财产安全的坚定保护。

《草原防火条例》第二条规定：本条例适用于中华人民共和国境内草原火灾的预防和扑救。但是，林区和城市市区的除外。

(二) 总体宗旨、总体方针与总体机制

1. 总体宗旨

《草原防火条例》的总体宗旨在于通过实施一系列科学有效的防火措施，减少草原火灾的发生，保护草原资源和生态环境，同时确保人民生命和财产的安全。这一宗旨体现了国家对草原防火工作的高度重视，以及对草原生态安全的坚定维护。草原作为地球上重要的生态系统，对于维护生态平衡、促进畜牧业发展等具有不可替代的作用。然而，草原火灾的频繁发生给草原资源和生态环境带来了严重威胁。因此，《草原防火条例》明确提出了"预防为主"的原则，强调通过加强草原防火宣传教育、完善防火设施、建立健全防火机制等措施，降低草原火灾发生的概率。同时，《草原防火条例》也注重保护草原资源和生态环境。草原火灾不仅会对草原资源造成破坏，还会对生态环境构成威胁。因此，《草原防火条例》要求各级人民政府和有关部门在草原防火工作中，要切实履行职责，采取有效措施，确保草原资源和生态环境的安全。

2. 总体方针

草原防火工作实行"预防为主、防消结合"的方针。这意味着在草原防火工作中，要始终把预防放在首位，通过加强宣传教育、完善设施、建立机制等多种手段，降低草原火灾的发生概率。同时，也要重视火灾发生时的扑救工作，确保能够及时、有效地控制火势，减少火灾造成的损失。

3. 总体机制

《草原防火条例》建立了完善的草原防火机制。首先，明确了各级人民政府、草原防火主管部门以及其他相关部门的职责和分工，形成了草原防火工作的组织体系。其次，规定了草原防火工作的经费保障、人员配备、设施建设等方面的要求，确保了草原防火工作的顺利开展。此外，还建立了草原火灾的监测、预警、扑救和灾后恢复等制度，形成了完整的草原防火工作链条。

二、草原防火责任

(一) 各级部门的职责

《草原防火条例》第五条规定：国务院草原行政主管部门主管全国草原防火工作。县级以上地方人民政府确定的草原防火主管部门主管本行政区域内的草原防火工作。县级以上人民政府其他有关部门在各自的职责范围内做好草原防火工作。

(二) 草原经营使用单位和个人的职责

《草原防火条例》第六条规定：草原的经营使用单位和个人，在其经营使用范围内承担草原防火责任。冬、春季节有计划地烧除枯草，可以预防发生草原火灾，如图4-5所示。

图 4-5　有计划地烧除枯草

三、草原火灾的预防与扑救

（一）草原火灾的预防

1. 编制草原防火规划

《草原防火条例》第十一条规定：国务院草原行政主管部门根据草原火灾发生的危险程度和影响范围等，将全国草原划分为极高、高、中、低四个等级的草原火险区。

《草原防火条例》第十二条规定：国务院草原行政主管部门根据草原火险区划和草原防火工作的实际需要，编制全国草原防火规划，报国务院或者国务院授权的部门批准后组织实施。县级以上地方人民政府草原防火主管部门根据全国草原防火规划，结合本地实际，编制本行政区域的草原防火规划，报本级人民政府批准后组织实施。

根据《草原防火条例》第十三条规定，草原防火规划应当主要包括下列内容。

（1）草原防火规划制定的依据。
（2）草原防火组织体系建设。
（3）草原防火基础设施和装备建设。
（4）草原防火物资储备。
（5）保障措施。

2. 制订草原火灾应急预案

《草原防火条例》第十五条规定：国务院草原行政主管部门负责制订全国草原火灾应急预案，报国务院批准后组织实施。县级以上地方人民政府草原防火主管部门负责制订本行政区域的草原火灾应急预案，报本级人民政府批准后组织实施。

根据《草原防火条例》第十六条规定，草原火灾应急预案应当主要包括下列内容。

（1）草原火灾应急组织机构及其职责。
（2）草原火灾预警与预防机制。
（3）草原火灾报告程序。
（4）不同等级草原火灾的应急处置措施。
（5）扑救草原火灾所需物资、资金和队伍的应急保障。
（6）人员财产撤离、医疗救治、疾病控制等应急方案。

草原火灾根据受害草原面积、伤亡人数、受灾牲畜数量以及对城乡居民点、重要设施、名胜古迹、自然保护区的威胁程度等,分为特别重大、重大、较大、一般四个等级。具体划分标准由国务院草原行政主管部门制定。

(二) 草原火灾的扑救

1. 报警

《草原防火条例》第二十六条规定:从事草原火情监测以及在草原上从事生产经营活动的单位和个人,发现草原火情的,应当采取必要措施,并及时向当地人民政府或者草原防火主管部门报告。其他发现草原火情的单位和个人,也应当及时向当地人民政府或者草原防火主管部门报告。当地人民政府或者草原防火主管部门接到报告后,应当立即组织人员赶赴现场,核实火情,采取控制和扑救措施,防止草原火灾扩大。

《草原防火条例》第二十七条规定:当地人民政府或者草原防火主管部门应当及时将草原火灾发生时间、地点、估测过火面积、火情发展趋势等情况报上级人民政府及其草原防火主管部门;境外草原火灾威胁到我国草原安全的,还应当报告境外草原火灾距我国边境距离、沿边境蔓延长度以及对我国草原的威胁程度等情况。禁止瞒报、谎报或者授意他人瞒报、谎报草原火灾。

2. 处置

《草原防火条例》第二十八条规定:县级以上地方人民政府应当根据草原火灾发生情况确定火灾等级,并及时启动草原火灾应急预案。特别重大、重大草原火灾以及境外草原火灾威胁到我国草原安全的,国务院草原行政主管部门应当及时启动草原火灾应急预案。

《草原防火条例》第二十九条规定:草原火灾应急预案启动后,有关地方人民政府应当按照草原火灾应急预案的要求,立即组织、指挥草原火灾的扑救工作。扑救草原火灾应当首先保障人民群众的生命安全,有关地方人民政府应当及时动员受到草原火灾威胁的居民以及其他人员转移到安全地带,并予以妥善安置;情况紧急时,可以强行组织避灾疏散。

四、草原火灾灾后处置与法律责任

(一) 灾后处置

1. 灾后工作

《草原防火条例》第三十六条规定:草原火灾扑灭后,有关地方人民政府草原防火主管部门或者其指定的单位应当对火灾现场进行全面检查,清除余火,并留有足够的人员看守火场。经草原防火主管部门检查验收合格,看守人员方可撤出。

《草原防火条例》第三十七条规定:草原火灾扑灭后,有关地方人民政府应当组织有关部门及时做好灾民安置和救助工作,保障灾民的基本生活条件,做好卫生防疫工作,防止传染病的发生和传播。

《草原防火条例》第三十八条规定:草原火灾扑灭后,有关地方人民政府应当组织有关部门及时制定草原恢复计划,组织实施补播草籽和人工种草等技术措施,恢复草场植被,并做好畜禽检疫工作,防止动物疫病的发生。

2. 事故调查

《草原防火条例》第三十九条规定:草原火灾扑灭后,有关地方人民政府草原防火主管部门应当及时会同公安等有关部门,对火灾发生时间、地点、原因以及肇事人等进行调查并提出处理意见。草原防火主管部门应当对受灾草原面积、受灾畜禽种类和数量、受灾珍稀野生动植物种类和数量、人员伤亡以及物资消耗和其他经济损失等情况进行统计,对草原火灾给城乡居民生活、工农业生产、生态环境造成的影响进行评估,并按照国务院草原行政主管部门的规定上报。

(二) 法律责任

《草原防火条例》第四十二条规定:违反本条例规定,县级以上人民政府草原防火主管部门或者其他有关部门及其工作人员,有下列行为之一的,由其上级行政机关或者监察机关责令改正;情节严重的,对直接负责的主管人员和其他直接责任人员依法给予处分;构成犯罪的,依法追究刑事责任。

(1) 未按照规定制订草原火灾应急预案的。
(2) 对不符合草原防火要求的野外用火或者爆破、勘察和施工等活动予以批准的。
(3) 对不符合条件的车辆发放草原防火通行证的。
(4) 瞒报、谎报或者授意他人瞒报、谎报草原火灾的。
(5) 未及时采取草原火灾扑救措施的。
(6) 不依法履行职责的其他行为。

《草原防火条例》第四十三条规定:截留、挪用草原防火资金或者侵占、挪用草原防火物资的,依照有关财政违法行为处罚处分的法律、法规进行处理;构成犯罪的,依法追究刑事责任。

《草原防火条例》第四十四条规定:违反本条例规定,有下列行为之一的,由县级以上地方人民政府草原防火主管部门责令停止违法行为,采取防火措施,并限期补办有关手续,对有关责任人员处 2000 元以上 5000 元以下罚款,对有关责任单位处 5000 元以上 2 万元以下罚款。

(1) 未经批准在草原上野外用火或者进行爆破、勘察和施工等活动的。
(2) 未取得草原防火通行证进入草原防火管制区的。

《草原防火条例》第四十五条规定:违反本条例规定,有下列行为之一的,由县级以上地方人民政府草原防火主管部门责令停止违法行为,采取防火措施,消除火灾隐患,并对有关责任人员处 200 元以上 2000 元以下罚款,对有关责任单位处 2000 元以上 2 万元以下罚款;拒不采取防火措施、消除火灾隐患的,由县级以上地方人民政府草原防火主管部门代为采取防火措施、消除火灾隐患,所需费用由违法单位或者个人承担。

(1) 在草原防火期内,经批准的野外用火未采取防火措施的。
(2) 在草原上作业和行驶的机动车辆未安装防火装置或者存在火灾隐患的。
(3) 在草原上行驶的公共交通工具上的司机、乘务人员或者旅客丢弃火种的。
(4) 在草原上从事野外作业的机械设备作业人员不遵守防火安全操作规程或者对野外作业的机械设备未采取防火措施的。
(5) 在草原防火管制区内未按照规定用火的。

《草原防火条例》第四十六条规定:违反本条例规定,草原上的生产经营等单位未建立或者未落实草原防火责任制的,由县级以上地方人民政府草原防火主管部门责令改正,对有关责任单位处 5000 元以上 2 万元以下罚款。

《草原防火条例》第四十七条规定:违反本条例规定,故意或者过失引发草原火灾,构成犯罪的,依法追究刑事责任。

【典型案例】

内蒙古某草原火灾

2023年4月13日，在内蒙古某草原，董某在自家门前倾倒未完全燃尽的炉灰引发了一起草原火灾，如图4-6所示。

图4-6 内蒙古某草原火灾现场

【问题】 董某的行为违反了哪项规定？

【解析】 经鉴定，此次火灾是由于董某个人原因导致的火灾，董某违反了《草原防火条例》第四十五条规定。

单元四 地方性消防法规解读

为切实做好《消防法》的贯彻实施，全面规范消防执法行为，各省、自治区、直辖市政府根据各地工作实际，深入开展调研、论证，制定或修订本地的地方性消防法规。地方性消防法规是对《消防法》的补充，对《消防法》在地方的实施、各地因地制宜自主解决本地方的消防安全管理起到重要作用，具有更强的针对性和可执行性。《消防法》与地方性消防法规的关系如图4-7所示。本单元以《广西壮族自治区实施〈中华人民共和国消防法〉办法》《江苏省消防条例》的解读为例，展示说明地方性消防法规的特点。

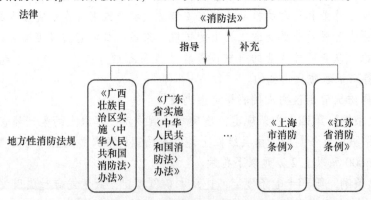

图4-7 《消防法》与地方性消防法规的关系

一、《广西壮族自治区实施〈中华人民共和国消防法〉办法》解读

（一）立法目的及适用范围

为了贯彻实施《消防法》，结合广西壮族自治区实际，制定《广西壮族自治区实施〈中华人民共和国消防法〉办法》（以下简称《实施办法》），其适用于广西壮族自治区行政区域内的消防工作和相关应急救援工作。

（二）消防安全责任

《实施办法》相比《消防法》，明确了政府主要负责人、分管负责人和其他负责人的消防工作责任，细化了各级人民政府、有关部门、单位、个体工商户、村（居）民委员会的消防工作职责。例如《消防法》第三十二条规定：乡镇人民政府、城市街道办事处应当指导、支持和帮助村民委员会、居民委员会开展群众性的消防工作。村民委员会、居民委员会应当确定消防安全管理人，组织制定防火安全公约，进行防火安全检查。而《实施办法》对乡镇人民政府、城市街道办事处、村（居）民委员会的消防工作职责作出了具体规定。

1. 各单位消防工作责任人

《实施办法》第八条规定：消防安全责任制坚持党政同责、一岗双责、齐抓共管、失职追责。各级人民政府主要负责人为消防工作第一责任人，对消防工作全面负责，分管负责人为主要责任人，其他负责人按照一岗双责的要求对分管范围内的消防工作负领导责任。机关、团体、企业、事业等单位是本单位的消防安全责任主体，其法定代表人、主要负责人或者实际控制人是本单位消防安全责任人，对本单位消防安全工作全面负责。有固定生产经营场所的个体工商户，参照本办法履行单位消防安全职责。

2. 县级以上人民政府的消防安全责任

《实施办法》第九条规定：县级以上人民政府履行下列消防工作职责。

（1）组织编制、实施消防规划。

（2）定期组织研究解决消防工作的重大问题。

（3）建立健全消防安全责任制和常态化火灾隐患排查治理机制，并将消防工作纳入安全生产责任制和平安建设考核体系。

（4）将公共消防设施建设维护、消防行政许可、消防监督管理、消防信息化建设、消防队（站）及装备建设等费用列入本级预算。

（5）加强消防领域的新型基础设施建设，推广互联网、物联网、云计算、大数据及人工智能、虚拟现实等信息技术在消防安全领域的应用。

（6）组织做好农村消防工作，推进城乡公共消防设施和消防水源建设。

（7）法律、法规规定的其他消防工作职责。

3. 乡镇人民政府、街道办事处的消防安全责任

《实施办法》第十条规定：乡镇人民政府、街道办事处履行下列消防工作职责。

（1）落实消防安全责任制。

（2）组织开展经常性的消防宣传教育，提高公民的消防安全意识。

（3）组织消防安全检查，督促整改火灾隐患。

（4）落实消防安全网格化管理措施，组织、指导、督促村（居）民委员会、辖区单位、住宅区开展消防工作。

（5）根据需要建立多种形式的消防组织，配备必要的消防装备、器材，承担火灾预防、火灾扑救和应急救援等职能。

（6）辖区发生火灾事故时，协助做好灭火救援的相关工作。

（7）法律、法规规定的其他消防工作职责。

4. 消防救援机构的消防安全责任

《实施办法》规定县级以上人民政府消防救援机构依法对消防安全实施综合监督管理。《实施办法》第十一条规定：消防救援机构应当履行下列消防工作职责。

（1）制定和组织实施消防年度工作计划。

（2）开展消防宣传教育，督促、指导、协助有关单位做好消防宣传教育工作。

（3）对单位遵守执行消防法律、法规、规章、技术规范和标准的情况进行监督检查。

（4）依法负责公众聚集场所投入使用、营业前的消防安全检查。

（5）依法负责消防技术服务机构的监督管理。

（6）指导专职消防队、志愿消防队（含微型消防站，下同）的建设和训练。

（7）组织和指挥火灾扑救，承担重大灾害事故和其他以抢救人员生命为主的应急救援工作。

（8）调查火灾原因，统计火灾损失，处理火灾事故和消防违法行为。

（9）推进消防科学技术研究，宣传推广消防科学技术研究成果。

（10）受理消防安全举报、投诉并核查处理。

（11）法律、法规规定的其他消防工作职责。

5. 村（居）民委员会的消防安全责任

《实施办法》第十三条规定：村（居）民委员会履行下列消防工作职责。

（1）确定消防安全管理责任人、消防安全员，实施消防安全管理。

（2）建立健全消防安全制度，制定防火安全公约。

（3）根据需要建立志愿消防队，开展群众性自防自救工作。

（4）协助政府和有关部门做好消防安全网格化管理、火灾隐患排查整治、应急疏散演练、消防宣传教育、用火用电用油用气安全监管、灭火救援、火灾事故调查等工作。

（5）督促监护人或者其他责任人加强对孤儿、事实无人抚养儿童、留守儿童、独居老人、重度残疾人、智力残疾人和精神残疾人等人员的用火用电用油用气安全监管，并根据实际情况不定期走访调查。

（6）法律、法规规定的其他消防工作职责。

6. 机关、团体、企业、事业等单位的消防安全责任

《实施办法》第十四条规定：机关、团体、企业、事业等单位和依法确定的消防安全重点单位应当按照法律、法规规定履行消防安全职责。新型储能设施、氢能源、生物医药、冷链仓库、平台经济等新兴行业、领域的生产经营单位应当逐级建立和落实消防安全责任制，明确本单位消防安全管理的机构和专、兼职消防安全管理人员，履行法律、法规规定的消防安全职责。

7. 个人的消防安全责任

《实施办法》第十五条规定：个人应当遵守消防法律、法规，接受消防安全宣传教育，学习安全用火用电用油用气等消防知识，参加消防演练，掌握基本的防火、灭火和报警、救生、逃生方法，提高防火、灭火和逃生自救能力。

8. 物业服务人的消防安全责任

《实施办法》第三十三条规定：物业服务人在其服务区域内应当履行下列消防安全责任。

（1）保障公共疏散通道、安全出口、消防车通道畅通，确保避难设施、消防车登高操作场地不被占用、堵塞、封闭。

（2）管理、维护保养共用消防设施和器材。

（3）制定消防安全制度，明确消防安全责任。

物业服务人的
消防安全责任

（4）开展防火检查，制定灭火和应急疏散预案，定期组织有关人员参加消防安全培训和进行消防演练。

（5）加强对电动自行车、电动摩托车和电动汽车停放、充电行为和充电设施的消防安全管理。对物业服务区域内违反消防法律、法规的行为，物业服务人应当及时采取合理措施制止、向有关行政主管部门报告并协助处理。未选聘物业服务人的，由业主自行对共用消防设施、器材和疏散通道、安全出口、消防车通道进行维护管理。

《实施办法》第六十六条规定：物业服务人违反本办法第三十三条第二款规定的，由县级以上人民政府消防救援机构责令限期改正；逾期不改正的，处一千元以上五千元以下罚款；情节严重的，处五千元以上二万元以下罚款。

【典型案例】

住宅区消火栓无法接水，致事故后果扩大

2024年1月30日21时49分，某消防救援大队接到群众报警称：某小区一居民家中发生火情。21时50分，消防救援力量立即出动。22时25分，火灾扑救结束。现场救出1名被困人员并立即送医救治，经全力抢救无效身亡。

经初步调查，起火原因系燃放烟花爆竹，火星溅入室内引燃杂物所致。救援过程中发现消火栓因水带接口缺失无法正常使用，如图4-8所示。

图4-8　火灾扑救过程中消火栓无法接水

火情发生后，当地人民政府第一时间启动应急响应，全力做好消防救援、善后处理工作，并同步组织开展对涉事小区的消防隐患排查整改工作。针对救援过程中发现的问题，当地人民政府已成立工作组开展调查，相关情况将依规进行公布。

【问题】 此次火灾事件中，小区物业违反了哪些法律法规？

【解析】 此次火灾事件中，消火栓因水带接口缺失无法正常使用，导致事故后果扩大，1名被困人员身亡，小区物业未对小区内的共用消防设施进行有效的维护管理，违反了《消防法》第十八条规定：住宅区的物业服务企业应当对管理区域内的共用消防设施进行维护管理，提供消防安全防范服务。

（三）具有广西特色的消防安全管理规定

《实施办法》凸显了广西特色，将火灾防控经验做法上升为法规规定。

（1）针对少数民族村寨"火烧连营"隐患，增加对木结构房屋连片村寨消防安全管理要求。《实施办法》第三十六条规定：城中村、村屯消防安全管理按照"谁受益、谁负责、谁承担"的原则，落实责任主体，实行消防安全联防制度。农村建筑物应当符合有关消防安全规定，设置必要的防火灭火设施。已建成的连接成片的建筑物，应当采取增设防火间距、提高耐火等级等措施，改善消防安全条件。木结构房屋连片村寨、建筑物毗连设置、耐火等级低的村屯，所在地人民政府应当加强消防力量建设，督促和指导做好本地村屯消防工作，指导农村居民安全用火用电用油用气。乡镇人民政府在编制国土空间规划时，应当按照要求规划消防水源、消防通信和消防通道。

（2）针对电动车辆亡人火灾高发问题，提出电动车停放、充电的消防安全管理要求。《实施办法》第四十一条规定：机关、团体、企业、事业等单位应当负责本单位的电动自行车、电动摩托车、电动汽车停放充电场所消防安全管理。拟建、在建的住宅小区和人员密集场所，应当按照规定设置电动自行车、电动摩托车、电动汽车停放、充电场所，配置符合用电安全要求的充电设施，采取防火分隔措施。既有建筑场所的产权人、管理人或者使用人应当按照消防技术标准，设置或者改造电动自行车、电动摩托车、电动汽车停放、充电场所。禁止在建筑物的首层门厅、疏散通道、安全出口、楼梯间停放电动自行车、电动摩托车，或者为电动自行车、电动摩托车及其电池充电；禁止携带电动自行车、电动摩托车进入电梯轿厢；禁止在标准层二楼以上建筑物专有部分为电动自行车、电动摩托车及其电池充电；禁止违反安全用电要求乱拉电线和插座为电动自行车、电动摩托车、电动汽车及其电池充电。

【典型案例】

增强法律意识，电动自行车规范充电

2023年1月30日8时，广西一居民楼室外楼道内电动三轮车电池起火，火灾造成直接经济损失2000余元，起火原因系电池充电故障。

2023年3月23日6时，广西某高层住宅楼，一居民家中电动自行车电池起火，火灾造成直接经济损失2万余元，并造成2人受伤，起火原因系电池充电故障。

【问题】 案例中在楼道、家中为电动自行车充电的行为（图4-9）是否违法？

【解析】 依据《实施办法》第四十一条规定，居民在楼道、家中为电动自行车充电的行为属于违法行为。

图 4-9　居民在楼道、家中为电动自行车充电

【案例启示】　个人一定要增强法律意识，自觉遵守消防法律法规，接受消防安全宣传教育，学习安全用火、用电、用油、用气等消防知识，安全停放电动车并规范充电。

（3）针对自建房"住改商"不规范问题，提出经营性自建房的消防安全管理要求。利用自建房从事生产经营活动的，即为经营性自建房，如图 4-10 所示。《实施办法》第三十七条规定：经营性自建房的建设、设计、施工应当符合国家以及自治区有关建筑设计防火规范。利用自建房从事生产经营活动的，应当落实防火分隔、安全疏散等消防安全措施，配备必要的消防设施、器材，做好消防安全工作。

图 4-10　经营性自建房示例

（4）针对基层消防力量有待进一步壮大的问题，总结了全区各地的经验做法，提出构建基层消防安全综合治理体系的要求。《实施办法》第五十八条规定：各级人民政府应当对本行政区域内履行消防安全职责的情况加强监督检查。在组织安全生产和平安建设检查或者考核时，应当检查考核消防安全工作，并听取消防救援机构的意见。在火灾多发季节、重大节日、重大活动前或者期间，应当组织消防安全检查，对重大消防问题或者火灾隐患实行专项督办。消防救援机构应当加强消防安全事中事后监管，制定年度检查计划，对单位履行法定消防安全职责情况进行监督抽查，明确抽查范围、抽查事项和抽查细则，合理确定抽查比例和频次，随机抽取检查对象、随机选派检查人员，并按照规定向社会公开抽查情况和检查结果。消防救援机构可以在其法定权限内书面委托乡镇、街道等符合法定条件的组织，对违反消防安全管理的行为实施行政处罚。消防救援机构对受委托组织实施行政处罚的行为应当负责监督，并对该行为的后果承担法律责任。

二、《江苏省消防条例》解读

(一) 立法目的及适用范围

为了预防火灾和减少火灾危害,加强应急救援工作,提高防灾减灾救灾能力,保护人身、财产安全,维护社会公共安全,根据《消防法》等有关法律、行政法规,结合江苏省实际,制定《江苏省消防条例》。江苏省行政区域内的火灾预防、扑救和相关应急救援工作,适用该条例。

(二) 消防安全责任

同《实施办法》一样,《江苏省消防条例》在《消防法》的基础上,进一步明确了政府主要负责人、分管负责人和其他负责人的消防工作责任,细化了各级人民政府、有关部门、单位、村(居)民委员会的消防工作职责。

各地方性消防法规规定的消防安全责任,核心一致,但又各有侧重。以县级以上人民政府的消防安全责任为例,《实施办法》与《江苏省消防条例》的区别,见表4-3。

表4-3 《实施办法》与《江苏省消防条例》中有关县级以上人民政府的消防安全责任的对比

《实施办法》第九条	《江苏省消防条例》第九条	对比分析
(1) 组织编制、实施消防规划 (2) 定期组织研究解决消防工作的重大问题 (3) 建立健全消防安全责任制和常态化火灾隐患排查治理机制,并将消防工作纳入安全生产责任制和平安建设考核体系 (4) 将公共消防设施建设维护、消防行政许可、消防监督管理、消防信息化建设、消防队(站)及装备建设等费用列入本级预算 (5) 加强消防领域的新型基础设施建设,推广互联网、物联网、云计算、大数据及人工智能、虚拟现实等信息技术在消防安全领域的应用 (6) 组织做好农村消防工作,推进城乡公共消防设施和消防水源建设	(1) 根据国民经济和社会发展规划制定消防工作事业发展规划及年度实施计划 (2) 研究、部署本地区消防工作重大事项 (3) 按照规定组织开展考核评价工作 (4) 定期分析评估本地区消防安全形势 (5) 组织开展消防安全检查和专项治理 (6) 督促整改重大火灾隐患和区域性火灾隐患 (7) 协调组织火灾扑救和应急救援工作	两者都规定了县级以上人民政府应当制定并实施消防规划,研究解决本地消防工作重大事项,开展消防安全检查、治理、考核工作 《实施办法》侧重于公共消防设施的建设,《江苏省消防条例》细化了消防安全检查、治理、救援的要求

(三) 具有江苏特色的消防安全管理规定

江苏省旅游景区、文物古建筑较多,一旦发生火灾就会造成巨大损失,存在极大的火灾隐患。为筑牢消防安全关,《江苏省消防条例》明确了旅游景区及住宿建筑的消防安全管理要求,可归纳为以下几点。

1. 建立专职消防救援队

《江苏省消防条例》第二十一条规定:县级以上地方人民政府应当按照国家和省有关规定建立消防救援队,并按照相关标准配备消防装备和相关设施。

下列未建立国家综合性消防救援队的地方,应当建立政府专职消防救援队。

(1) 建成区面积超过五平方公里或者居住人口五万以上的镇。

(2) 易燃易爆危险品生产经营单位、劳动密集型企业集中的乡镇。

(3) 全国和省级重点镇、历史文化名镇。
(4) 省级以上的经济开发区、旅游度假区、高新技术开发区,国家级风景名胜区。

2. 加强消防安全管理

《江苏省消防条例》第四十八条规定:古建筑、近代现代代表性建筑以及其他保护建筑的管理单位,应当加强用火用电用气的消防安全管理,依法履行消防安全职责,并根据建筑结构、文物性质等特点,采取针对性的消防安全措施。

3. 景区改造需编制防火安全保障方案

《江苏省消防条例》第三十八条规定:历史文化街区、名镇、名村核心保护范围内的改造利用,设区的市、县(市、区)人民政府应当按照管理权限组织编制防火安全保障方案,作为管理的依据。

4. 老旧园区应进行消防安全改造

《江苏省消防条例》第三十条规定:有关地方人民政府、相关园区管理机构应当统筹推进老旧小区消防设施、可燃易燃外墙外保温系统改造,城市易燃建筑密集区应当优先改造。

5. 农家乐、民宿等生产经营活动,要落实消防安全措施

《江苏省消防条例》第四十九条规定:利用村民自建住宅从事家庭生产加工、民宿、农家乐等生产经营活动的,应当落实防火分隔、安全疏散等消防安全措施,配备必要的消防设施、器材。县(市、区)人民政府、乡镇人民政府和街道办事处应当加强小型经营场所、从事家庭生产加工的场所、民宿、农家乐的集中区域公共消防设施建设,根据需要配备应用逃生器材和独立式火灾报警、简易喷水灭火等消防设施,提升前述集中区域预防和处置火灾的能力。

模块五

>>> 消防安全相关部门规章解读

 学习目标

知识目标：
1. 认识消防安全相关部门规章的具体条文规定。
2. 概括消防安全相关部门规章的主要内容。
3. 总结消防安全相关部门规章的法律责任，并进行比较。

能力目标：
1. 能解读消防安全相关部门规章有关内容条款。
2. 能运用消防安全相关部门规章分析消防安全违法案例。
3. 能运用消防安全相关部门规章解决工作和生活中的实际问题。

素质目标：
1. 具有良好的消防安全相关部门规章知识素养。
2. 增强自觉遵守消防安全相关部门规章的意识。
3. 提高消防安全的风险意识与责任意识。

模块五 消防安全相关部门规章解读

思维导图

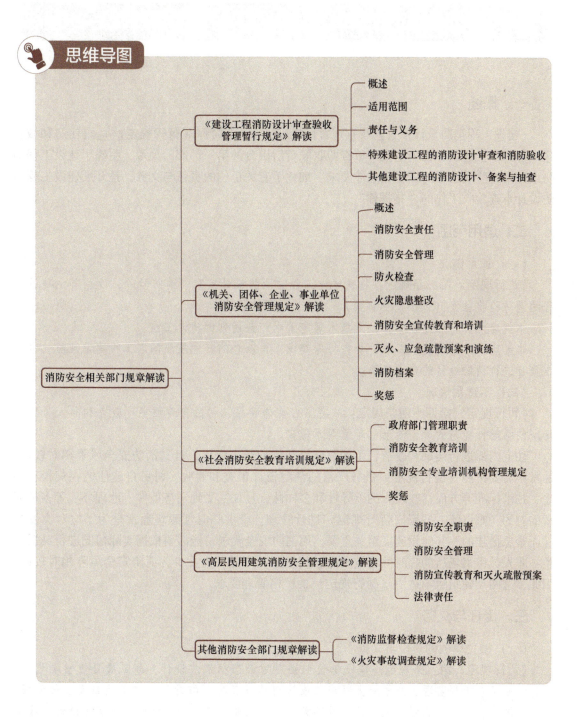

单元一 《建设工程消防设计审查验收管理暂行规定》解读

一、概述

《建设工程消防设计审查验收管理暂行规定》（以下简称《暂行规定》）是住房和城乡建设部门承接建设工程消防设计审查验收职责后出台的第一部部门规章，明确了建设工程消防设计审查验收工作的依据和总体要求，细化了有关单位的责任与义务，是开展建设工程消防设计审查验收工作的"指挥棒"。

二、适用范围

（一）适用情况

《暂行规定》第二条规定：特殊建设工程的消防设计审查、消防验收，以及其他建设工程的消防验收备案（以下简称备案）、抽查，适用本规定。

本规定所称特殊建设工程，是指本规定第十四条所列的建设工程。

本规定所称其他建设工程，是指特殊建设工程以外的其他按照国家工程建设消防技术标准需要进行消防设计的建设工程。

（二）不适用情况

《暂行规定》第四十四条规定：住宅室内装饰装修、村民自建住宅、救灾和非人员密集场所的临时性建筑的建设活动，不适用本规定。

住宅内部进行装饰和改造，不涉及建筑结构的重大变更，且其消防安全风险相对较低，通常不需要按照《暂行规定》进行严格的消防设计审查和验收。村民自建住宅在规模、用途、技术标准等方面存在较大的差异性和多样性，且往往受到经济条件、地理环境等多种因素的制约，难以统一按照《暂行规定》进行管理。救灾临时性建筑通常是为了应对突发事件而紧急搭建的，其建设速度至关重要，而消防安全要求可能需要根据实际情况进行灵活调整；非人员密集场所的临时性建筑则由于其使用频率低、人员少，消防安全风险相对较低。因此，这两类建筑也不适用《暂行规定》的严格管理要求。

三、责任与义务

（一）相关单位的责任与义务

《暂行规定》第八条规定：建设单位依法对建设工程消防设计、施工质量负首要责任。设计、施工、工程监理、技术服务等单位依法对建设工程消防设计、施工质量负主体责任。建设、设计、施工、工程监理、技术服务等单位的从业人员依法对建设工程消防设计、施工质量承担相应的个人责任。

各参建单位需要按照相关法律法规、标准规范等要求，认真履行职责，确保工程消防设计、施工质量符合规定。《暂行规定》第八条强调建设工程中消防设计、施工质量的重要性，并明确了各单位及其从业人员的具体责任，这对于保障建设工程消防安全、防范火灾事故具有重要意义。建设工程相关参建单位如图 5-1 所示。

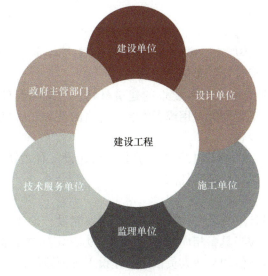

图 5-1　建设工程相关参建单位示意

1. 建设单位应当履行的消防设计、施工质量责任和义务

（1）不得明示或者暗示设计、施工、监理、技术服务等单位及其从业人员违反建设工程法律法规和国家工程建设消防技术标准，降低建设工程消防设计、施工质量。

（2）依法申请建设工程消防设计审查、消防验收，办理备案并接受抽查。

（3）实行工程监理的建设工程，依法将消防施工质量委托监理。

（4）委托具有相应资质的设计、施工、监理单位。

（5）按照工程消防设计要求和合同约定，选用合格的消防产品和满足防火性能要求的建筑材料、建筑构配件和设备。

（6）组织有关单位进行建设工程竣工验收时，对建设工程是否符合消防要求进行查验。

（7）依法及时向档案管理机构移交建设工程消防有关档案。

2. 设计单位应当履行的消防设计、施工质量责任和义务

（1）按照建设工程法律法规和国家工程建设消防技术标准进行设计，编制符合要求的消防设计文件，不得违反国家工程建设消防技术标准强制性条文。

（2）在设计文件中选用的消防产品和具有防火性能要求的建筑材料、建筑构配件和设备，应当注明规格、性能等技术指标，符合国家规定的标准。

（3）参加建设单位组织的建设工程竣工验收，对建设工程消防设计实施情况签章确认，并对建设工程消防设计质量负责。

3. 施工单位应当履行的消防设计、施工质量责任和义务

（1）按照建设工程法律法规、国家工程建设消防技术标准，以及经消防设计审查合格或者满足工程需要的消防设计文件组织施工，不得擅自改变消防设计进行施工，降低消防施工质量。

（2）按照消防设计要求、施工技术标准和合同约定检验消防产品和具有防火性能要求的建筑材料、建筑构配件和设备的质量，使用合格产品，保证消防施工质量。

（3）参加建设单位组织的建设工程竣工验收，对建设工程消防施工质量签章确认，并对建设工程消防施工质量负责。

4. 监理单位应当履行的消防设计、施工质量责任和义务

（1）按照建设工程法律法规、国家工程建设消防技术标准，以及经消防设计审查合格或者满足工程需要的消防设计文件实施工程监理。

（2）在消防产品和具有防火性能要求的建筑材料、建筑构配件和设备使用、安装前，核查产品质量证明文件，不得同意使用或者安装不合格的消防产品和防火性能不符合要求的建筑材料、建筑构配件和设备。

（3）参加建设单位组织的建设工程竣工验收，对建设工程消防施工质量签章确认，并对建设工程消防施工质量承担监理责任。

（二）从业人员的责任与义务

从事建设工程消防设计审查验收的工作人员，以及建设、设计、施工、工程监理、技术服务等单位的从业人员，应当具备相应的专业技术能力，定期参加职业培训。建设、设计、施工、监理、技术服务等单位的从业人员依法对建设工程消防设计、施工质量承担相应的个人责任。

四、特殊建设工程的消防设计审查和消防验收

特殊建设工程的消防设计审查和消防验收

（一）特殊建设工程的定义

具有下列情形之一的建设工程是特殊建设工程。

（1）总建筑面积大于20000平方米的体育场馆、会堂，公共展览馆、博物馆的展示厅。

（2）总建筑面积大于15000平方米的民用机场航站楼、客运车站候车室、客运码头候船厅。

（3）总建筑面积大于10000平方米的宾馆、饭店、商场、市场。

（4）总建筑面积大于2500平方米的影剧院，公共图书馆的阅览室，营业性室内健身、休闲场馆，医院的门诊楼，大学的教学楼、图书馆、食堂，劳动密集型企业的生产加工车间，寺庙、教堂。

（5）总建筑面积大于1000平方米的托儿所、幼儿园的儿童用房，儿童游乐厅等室内儿童活动场所，养老院、福利院，医院、疗养院的病房楼，中小学校的教学楼、图书馆、食堂，学校的集体宿舍，劳动密集型企业的员工集体宿舍。

（6）总建筑面积大于500平方米的歌舞厅、录像厅、放映厅、卡拉OK厅、夜总会、游艺厅、桑拿浴室、网吧、酒吧，具有娱乐功能的餐馆、茶馆、咖啡厅。

（7）国家工程建设消防技术标准规定的一类高层住宅建筑。

（8）城市轨道交通、隧道工程，大型发电、变配电工程。

（9）生产、储存、装卸易燃易爆危险物品的工厂、仓库和专用车站、码头，易燃易爆气体和液体的充装站、供应站、调压站。

（10）国家机关办公楼、电力调度楼、电信楼、邮政楼、防灾指挥调度楼、广播电视楼、档案楼。

（11）设有《暂行规定》第一项至第六项所列情形的建设工程。

（12）《暂行规定》第十项、第十一项规定以外的单体建筑面积大于 40000 平方米或者建筑高度超过 50 米的公共建筑。

（二）特殊建设工程的消防设计审查

1. 消防设计审查的申请

《暂行规定》第十五条规定：对特殊建设工程实行消防设计审查制度。特殊建设工程的建设单位应当向消防设计审查验收主管部门申请消防设计审查，消防设计审查验收主管部门依法对审查的结果负责。特殊建设工程未经消防设计审查或者审查不合格的，建设单位、施工单位不得施工。

《暂行规定》第十六条规定：建设单位申请消防设计审查，应当提交下列材料：消防设计审查申请表；消防设计文件；依法需要办理建设工程规划许可的，应当提交建设工程规划许可文件；依法需要批准的临时性建筑，应当提交批准文件。特殊建设工程消防设计审查申请表见表 5-1。

表 5-1 特殊建设工程消防设计审查申请表

工程名称：		（印章）	申请日期：	年 月 日			
建设单位			联系人		联系电话		
工程地址			类　别		□新建　□扩建 □改建（装饰装修、改变用途、建筑保温）		
建设工程规划许可证号（依法需办理的）							
临时性建筑批准文号（依法需办理的）			特殊消防设计		□是　□否		
总建筑面积/m²			工程投资额/万元				
特殊建设工程情形							
单位类别	单位名称		资质等级	法定代表人（身份证号）	项目负责人（身份证号）	联系电话（移动电话和座机）	
建设单位							
设计单位							
消防设计图纸技术审查机构（如有）							
建筑名称	结构类型	使用性质	耐火等级	层数	建筑高度/m	建筑长度/m	占地面积/m²	建筑面积/m²
				地上	地下				地上	地下
□装饰装修	装修部位		□顶棚 □墙面 □地面 □隔断 □固定家具 □装饰织物 □其他				
	装修面积/m²			装修所在层数			
□改变用途	使用性质			原有用途			
□建筑保温	材料类别	□A　□B₁　□B₂		保温所在层数			
	保温部位			保温材料			

(续)

消防设施及其他	□室内消火栓系统　□室外消火栓系统　□火灾自动报警系统　□自动喷水灭火系统 □气体灭火系统　　□泡沫灭火系统　　□其他灭火系统　　□疏散指示标志 □消防应急照明　　□防烟排烟系统　　□消防电梯　　　　□灭火器　　□其他
工程简要说明	

提交的消防设计文件一般包括下列内容。

1）封面。封面的内容包括项目名称、设计单位名称、设计文件交付日期。

2）扉页。扉页的内容包括设计单位法定代表人、技术总负责人和项目总负责人的姓名及其签字或授权盖章，设计单位资质，设计人员的姓名及其专业技术能力信息。

3）设计文件目录。

4）设计说明书。设计说明书的内容包括工程设计依据、工程建设的规模和设计范围等、总指标、标准执行情况、总平面信息、建筑和结构信息、建筑电气信息、消防给水和灭火设施信息、供暖通风与空气调节信息、热能动力信息等。

5）设计图纸。设计图纸的内容包括总平面图、建筑图和结构图、立面图、剖面图（包括建筑室内地面和室外地面标高，屋面檐口、女儿墙顶等的标高，层间高度尺寸及其他必需的高度尺寸等）、建筑电气图、消防给水和灭火设施图、供暖通风与空气调节图、热能动力图、其他动力站房平面布置图，以及各专业管道防火封堵措施等。

《暂行规定》第十七条规定：特殊建设工程具有下列情形之一的，建设单位除提交本规定第十六条所列材料外，还应当同时提交特殊消防设计技术资料。

（1）国家工程建设消防技术标准没有规定的。

（2）消防设计文件拟采用的新技术、新工艺、新材料不符合国家工程建设消防技术标准规定的。

（3）因保护利用历史建筑、历史文化街区需要，确实无法满足国家工程建设消防技术标准要求的。

前款所称特殊消防设计技术资料，应当包括特殊消防设计文件，以及两个以上有关的应用实例、产品说明等资料。

特殊消防设计涉及采用国际标准或者境外工程建设消防技术标准的，还应当提供相应的中文文本。

2. 消防设计审查的评审

《暂行规定》第二十条规定：对具有本规定第十七条情形之一的建设工程，消防设计审查验收主管部门应当自受理消防设计审查申请之日起五个工作日内，将申请材料报送省、自治区、直辖市人民政府住房和城乡建设主管部门组织专家评审。

《暂行规定》第二十二条规定：省、自治区、直辖市人民政府住房和城乡建设主管部门应当在收到申请材料之日起十个工作日内组织召开专家评审会，对建设单位提交的特殊消防设计技术资料进行评审。评审专家从专家库随机抽取，对于技术复杂、专业性强或者国家有特殊要求的项目，可以直接邀请相应专业的中国科学院院士、中国工程院院士、全国工程勘察设计大师以及境外具有相应资历的专家参加评审；与特殊建设工程设计单位有利害关系的专家不得参加评审。评审专家应当符合相关专业要求，总数不得少于七人，且独立出具同意或者不同意的评审意见。特殊消防设计技术资料经四分之三以上评审专家同意即为评审通过，评审专家有不同意见的，应当注明。省、自治区、直辖市人民政府住房和城乡建设主管部门应当将专家评审意见，书面通知报请评审的消防设计审查验收主管部门。

《暂行规定》第二十三条规定：消防设计审查验收主管部门应当自受理消防设计审查申请之日起十五个工作日内出具书面审查意见。依照本规定需要组织专家评审的，专家评审时间不超过二十个工作日。

《暂行规定》第二十四条规定：对符合下列条件的，消防设计审查验收主管部门应当出具消防设计审查合格意见。

(1) 申请材料齐全、符合法定形式。
(2) 设计单位具有相应资质。
(3) 消防设计文件符合国家工程建设消防技术标准（具有本规定第十七条情形之一的特殊建设工程，特殊消防设计技术资料通过专家评审）。

对不符合前款规定条件的，消防设计审查验收主管部门应当出具消防设计审查不合格意见，并说明理由。

建设工程消防设计审查意见书样例如图 5-2 和图 5-3 所示。

建设工程消防设计审查意见书（合格）

住建消审字〔 〕第 号

你单位申请的　　　　　　　　建设工程（受理凭证：住建消审凭字〔 〕第 号， 年 月 日收）消防设计有关资料收悉。该工程位于　　　市（县）　　路　号。建筑高度为　　m，建筑层数为　　层，建筑面积为　　㎡，设计用途　　　，属　　　建筑。该工程消防设施主要有　　　　。设计单位为　　　　　，设计资质为　　　　　。依据该工程设计图纸资料的技术审查结论，我局提出以下意见：

一、同意该工程消防设计，请按照审查批准的消防设计图纸资料进行施工。

二、建设单位应当依法选用具有规定资质等级的施工、监理等单位，并查验其合法身份证明和资质等级证明文件。

三、提供图纸审查的技术服务机构和人员对出具的技术审查意见负责。

四、经此次审查的建设工程消防设计图纸如需变更，应当重新报送我单位审查。该工程竣工后，应当向我单位申报消防验收，验收合格后方可投入使用。

（印章）

年 月 日

建设单位收件人（签名或盖章）：　　　年 月 日

备注：本意见书一式两份，一份交建设单位，一份存档。

图 5-2 建设工程消防设计审查意见书样例（合格）

建设工程消防设计审查意见书（不合格）

住建消审字〔　〕第　号

你单位申请的　　　　　　建设工程(受理凭证：住建消审凭字〔　〕第　号，　年　月　日收)消防设计有关资料收悉。该工程位于　　市(县)　　路　号。建筑高度为　m，建筑层数为　层，建筑面积为　m²，设计用途　　，属　　建筑。该工程消防设施主要有　　　　。设计单位为　　　　　　　，设计资质为　　　　　。依据该工程设计图纸资料的技术审查结论，我局提出以下意见：

一、不同意该工程消防设计，应当修改设计后重新申报。

二、存在以下问题：

……

三、提供图纸审查的技术服务机构和人员对出具的技术审查意见负责。

如不服本决定，可以在收到本意见书之日起六十日内向　　市人民政府申请行政复议或者三个月内依法向　　人民法院提起行政诉讼。

（印章）

年　月　日

建设单位收件人(签名或盖章)：　　　　　　年　月　日

备注：本意见书一式两份，一份交建设单位，一份存档。

图 5-3　建设工程消防设计审查意见书样例（不合格）

（三）特殊建设工程的消防验收

《暂行规定》第二十七条规定：特殊建设工程竣工后，建设单位应当向消防设计审查验收主管部门申请消防验收；未经消防验收或者消防验收不合格的，禁止投入使用。建设单位申请消防验收，应当提交下列材料：消防验收申请表；工程竣工验收报告；涉及消防的建设工程竣工图纸。

消防设计审查验收主管部门受理消防验收申请后，应当按照国家有关规定，对特殊建设工程进行现场评定，如图 5-4 所示。消防设计审查验收主管部门应当自受理消防验收申请之日起十五日内出具消防验收意见，消防验收流程如图 5-5 所示。注意，实际验收流程可能因不同地区的消防主管部门的具体要求不同而有所调整。

图 5-4　特殊建设工程现场评定

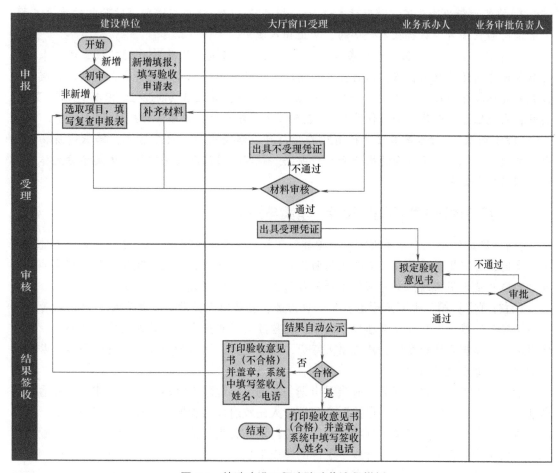

图 5-5　特殊建设工程消防验收流程样例

【典型案例】

未经消防验收擅自投入使用，罚款 12.5 万元

2023 年 3 月，傅某在某地租用了一处厂房，经过审批后临时改变其用途作为幼儿园使用。该幼儿园总用地面积 1113 平方米，建筑物占地面积 587 平方米，总建筑面积 2044 平方米。傅某对该建筑物进行了装修及消防改造，但在未经消防验收的情况下擅自投入使用，违反了《消防法》的相关规定。当地综合行政执法局对此案进行了查处，并对当事人处以罚款人民币 12.5 万元。

【问题】　1. 本案中，傅某租用的厂房改造为幼儿园后，是否属于依法应当进行消防验收的特殊建设工程？

2. 傅某的行为违反了《消防法》的哪些具体规定？

3. 根据相关法律法规，当地综合行政执法局对傅某的处罚是否合法合规？

【解析】　1. 根据《暂行规定》第十四条第五项，总建筑面积大于 1000 平方米的托儿所、幼儿园等属于特殊建设工程，依法应当进行消防验收。本案中，傅某改造的幼儿园总建筑面积为 2044 平方米，因此属于应当进行消防验收的特殊建设工程。

2. 傅某的行为违反了《消防法》第十三条规定，即依法应当进行消防验收的建设工程，未经消防验收或者消防验收不合格的，禁止投入使用。

3. 根据《消防法》第五十八条规定，对于依法应当进行消防验收的建设工程，未经消防验收或者消防验收不合格，擅自投入使用的，由住房和城乡建设主管部门、消防救援机构按照各自职权责令停止施工、停止使用或者停产停业，并处3万元以上30万元以下罚款。因此，当地综合行政执法局对傅某处以12.5万元罚款的处罚是合法合规的。

【案例启示】 对建筑工程进行消防验收，可以消除先天性火灾隐患，降低建筑物发生火灾的概率，保障人民群众的生命和财产安全。筑牢建筑消防安全防线，需要各方主体共同绷紧消防安全之弦。

五、其他建设工程的消防设计、备案与抽查

《暂行规定》第三十三条规定：其他建设工程，建设单位申请施工许可或者申请批准开工报告时，应当提供满足施工需要的消防设计图纸及技术资料。未提供满足施工需要的消防设计图纸及技术资料的，有关部门不得发放施工许可证或者批准开工报告。

《暂行规定》第三十五条规定：省、自治区、直辖市人民政府住房和城乡建设主管部门应当制定其他建设工程分类管理目录清单。其他建设工程应当依据建筑所在区域环境、建筑使用功能、建筑规模和高度、建筑耐火等级、疏散能力、消防设施设备配置水平等因素分为一般项目、重点项目两类。

消防设计审查验收主管部门应当对申请备案的火灾危险等级较高的其他建设工程适当提高抽取比例，具体要求由省、自治区、直辖市人民政府住房和城乡建设主管部门制定。例如陕西省要求住房和城乡建设主管部门对需要进行消防验收备案的其他建设工程按照一般项目和重点项目分类管理。同时符合以下条件的建设工程为一般项目，可以实行告知承诺制，住房和城乡建设主管部门依据承诺书出具消防验收备案凭证：社会投资建设的建设工程，总建筑面积不大于3000平方米，其中地下不超过一层且建筑面积不大于1000平方米，总高度不超过15米；建筑物性质为办公建筑、商业建筑、公共服务设施（幼儿园、养老院、医院除外）、丁戊类仓库和厂房。

对申请告知承诺制的项目，住房和城乡建设主管部门按照不低于10%的比例进行核查核验。对改变建筑使用性质、改变建筑火灾危险等级、涉及建筑主体和承重结构变动的建设工程，不适用告知承诺制。其他建设工程经依法抽查不合格的，应当停止使用。

《暂行规定》第三十六条规定：其他建设工程竣工验收合格之日起五个工作日内，建设单位应当报消防设计审查验收主管部门备案。建设单位办理备案，应当提交下列材料：消防验收备案表；工程竣工验收报告；涉及消防的建设工程竣工图纸。

本规定第二十八条有关建设单位竣工验收消防查验的规定，适用于其他建设工程。

《暂行规定》第三十八条规定：消防设计审查验收主管部门应当对备案的其他建设工程进行抽查，加强对重点项目的抽查。抽查工作推行"双随机、一公开"制度，随机抽取检查对象，随机选派检查人员。抽取比例由省、自治区、直辖市人民政府住房和城乡建设主管部门，结合辖区内消防设计、施工质量情况确定，并向社会公示。

消防验收备案与抽查流程如图5-6所示。

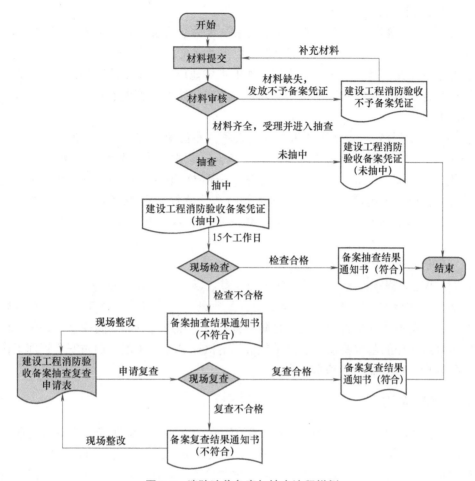

图 5-6　消防验收备案与抽查流程样例

为贯彻落实《暂行规定》，做好建设工程消防设计审查验收工作，住房和城乡建设部制定了《建设工程消防设计审查验收工作细则》《建设工程消防设计审查、消防验收、备案和抽查文书式样》。

单元二　《机关、团体、企业、事业单位消防安全管理规定》解读

一、概述

《机关、团体、企业、事业单位消防安全管理规定》（以下简称《规定》），于2001年11月14日由公安部第61号文发布，自2002年5月1日起施行。《规定》依据《消防法》第十六条、第十七条有关规定，对机关、团体、企业、事业单位的消防责任和消防安全管理要求进行了细化。

(一) 总体宗旨和适用范围

《规定》第一条规定：为了加强和规范机关、团体、企业、事业单位的消防安全管理，预防火灾和减少火灾危害，根据《消防法》，制定本规定。机关、团体、企业、事业单位是组成社会的基本单元，其在消防安全管理工作的主体地位、作用是政府和监督部门无法替代的。只有社会各个单位切实履行消防安全职责，落实消防安全管理措施，才能有效预防和遏制火灾事故的发生。

《规定》第二条规定：本规定适用于中华人民共和国境内的机关、团体、企业、事业单位（以下统称单位）自身的消防安全管理。法律、法规另有规定的除外。《规定》沿用《消防法》中机关、团体、企业、事业单位的称谓。《规定》中的"单位"不包括军事设施、矿井地下部分、核电厂等单位。"企业"按照现行法律法规的有关规定，应当包括国有、集体、私营、三资等不同经营管理方式的各类企业。个体工商户不属于"单位"，不适用《规定》。

(二) 消防安全管理的方针和原则

《规定》第三条规定：单位应当遵守消防法律、法规、规章（以下统称消防法规），贯彻"预防为主、防消结合"的消防工作方针，履行消防安全职责，保障消防安全。履行消防安全职责，规范消防安全管理，提高自防自救能力，保障自身的消防安全，是单位依法做好消防安全管理工作的基本要求，也是单位应尽的法律义务，体现了消防安全管理工作中单位依法自我管理、自负责任的基本原则。

二、消防安全责任

《规定》第六条和第七条，明确了单位的消防安全责任人和消防安全管理人的职责，见表5-2。单位的消防安全责任人对本单位消防安全工作负责，必须有明确的消防安全管理职责，做到权责统一。消防安全管理人应当定期向消防安全责任人报告消防安全情况，及时报告涉及消防安全的重大问题。未确定消防安全管理人的单位，前述规定的消防安全管理工作由单位消防安全责任人负责实施。

表 5-2 消防安全责任人和消防安全管理人的职责

人　员	消防安全责任人	消防安全管理人
应当履行的消防安全职责	（1）贯彻执行消防法规，保障单位消防安全符合规定，掌握本单位的消防安全情况	（1）拟订年度消防工作计划，组织实施日常消防安全管理工作
	（2）将消防工作与本单位的生产、科研、经营、管理等活动统筹安排，批准实施年度消防工作计划	（2）组织制订消防安全制度和保障消防安全的操作规程并检查督促其落实
	（3）为本单位的消防安全提供必要的经费和组织保障	（3）拟订消防安全工作的资金投入和组织保障方案
	（4）确定逐级消防安全责任，批准实施消防安全制度和保障消防安全的操作规程	（4）组织实施防火检查和火灾隐患整改工作
	（5）组织防火检查，督促落实火灾隐患整改，及时处理涉及消防安全的重大问题	（5）组织实施对本单位消防设施、灭火器材和消防安全标志的维护保养，确保其完好有效，确保疏散通道和安全出口畅通

(续)

人员	消防安全责任人	消防安全管理人
应当履行的消防安全职责	（6）根据消防法规的规定建立专职消防队、义务消防队 （7）组织制定符合本单位实际的灭火和应急疏散预案，并实施演练	（6）组织管理专职消防队和义务消防队 （7）在员工中组织开展消防知识、技能的宣传教育和培训，组织灭火和应急疏散预案的实施和演练 （8）单位消防安全责任人委托的其他消防安全管理工作

《规定》第九条规定：对于有两个以上产权单位和使用单位的建筑物，各产权单位、使用单位对消防车通道、涉及公共消防安全的疏散设施和其他建筑消防设施应当明确管理责任，可以委托统一管理。目前，多数多产权建筑的管理，包括建筑消防安全的管理，是委托物业单位统一管理的，但也有一些多产权建筑的管理没有委托物业单位进行统一管理，而是产权单位、使用单位共同组成管理机构，对涉及公共消防安全的事项实行统一管理，也可以在明确各自应负的管理责任的前提下委托统一管理。

【典型案例】

火灾事故中消防通道被堵塞，居民、物业公司均需担责

某商业大厦内有多家商户和办公单位，该大厦未委托物业单位进行统一管理，各商户和办公单位自行负责其区域内的消防安全。某日，大厦内一商户因电器短路引发火灾，由于大厦内消防车通道被部分商户违规停放的车辆占用，且部分商户的疏散通道被杂物堵塞，导致消防车无法及时到达火源，疏散人员也面临困难。火灾最终造成了一定的人员伤亡和财产损失。

【问题】 在未委托物业单位统一管理的情况下，多产权商业大厦内发生火灾，各产权单位和使用单位如何承担消防安全责任？

【解析】 根据《规定》第九条，对于有两个以上产权单位和使用单位的建筑物，各产权单位、使用单位对消防车通道、涉及公共消防安全的疏散设施和其他建筑消防设施应当明确管理责任。该大厦中的商户和办公单位作为产权单位或使用单位，需对涉及公共消防安全的事项承担管理责任。

在此案例中，由于部分商户违规停放车辆占用消防车通道，以及部分商户的疏散通道被杂物堵塞，这些行为直接导致了火灾扑救和人员疏散的困难。因此，这些商户应承担相应的消防安全责任。同时，其他商户和办公单位也需审视自身是否尽到了消防安全管理的义务，例如是否定期检查消防设施、是否保持疏散通道畅通等。

【案例启示】 多产权建筑需明确消防安全责任，未委托物业单位进行统一管理的应建立联合管理机制，各产权单位、使用单位需强化沟通协作，及时整改隐患；同时，要提升全员消防安全意识，加强培训与演练。另外，政府应完善相关法规，明确管理标准和责任追究，为消防安全提供坚实保障。

三、消防安全管理

消防安全重点单位的界定

（一）消防安全重点单位的界定

为了科学、准确地确定消防安全重点单位，《公安部关于实施〈机关、团体、企业、事业单位消防安全管理规定〉有关问题的通知》（公通字[2001]97号）对消防安全重点单位的范围作了界定。

（1）商场（市场）、宾馆（饭店）、体育场（馆）、会堂、公共娱乐场所等公众聚集场所

1）建筑面积在1000平方米（含本数，下同）以上且经营可燃商品的商场（商店、市场）。
2）客房数在50间以上的宾馆（旅馆、饭店）。
3）公共体育场（馆）、会堂。
4）建筑面积在200平方米以上的公共娱乐场所。

（2）医院、养老院和寄宿制的学校、托儿所、幼儿园

1）住院床位在50张以上的医院。
2）老人住宿床位在50张以上的养老院。
3）学生住宿床位在100张以上的学校。
4）幼儿住宿床位在50张以上的托儿所、幼儿园。

（3）国家机关

1）县级以上的党委、人大、政府、政协。
2）人民检察院、人民法院。
3）中央和国务院各部委。
4）共青团中央、全国总工会、全国妇联的办事机关。

（4）广播电台、电视台和邮政、通信枢纽

1）广播电台、电视台。
2）城镇的邮政、通信枢纽单位。

（5）客运车站、码头、民用机场

1）候车厅、候船厅的建筑面积在500平方米以上的客运车站和客运码头。
2）民用机场。

（6）公共图书馆、展览馆、博物馆、档案馆以及具有火灾危险性的文物保护单位

1）建筑面积在2000平方米以上的公共图书馆、展览馆。
2）公共博物馆、档案馆。
3）具有火灾危险性的县级以上文物保护单位。

（7）发电厂（站）和电网经营企业

（8）易燃易爆化学物品的生产、充装、储存、供应、销售单位

1）生产易燃化学物品的工厂。
2）易燃易爆气体和液体的灌装站、调压站。
3）储存易燃易爆化学物品的专用仓库（堆场、储罐场所）。
4）营业性汽车加油站、加气站，液化石油供应站（换瓶站）。

5) 经营易燃易爆化学物品的化工商店（其界定标准，以及其他需要界定的易燃易爆化学物品性质的单位及其标准，由省级消防机构根据实际情况确定）。

（9）劳动密集型生产、加工企业：生产车间员工在 100 人以上的服装、鞋帽、玩具等劳动密集型企业。

（10）重要的科研单位：界定标准由省级消防机构根据实际情况确定。

（11）高层公共建筑、地下铁道、地下观光隧道，粮、棉、木材、百货等物资仓库和堆场，重点工程的施工现场

1) 高层公共建筑的办公楼（写字楼）、公寓楼等。
2) 城市地下铁道、地下观光隧道等地下公共建筑和城市重要的交通隧道。
3) 国家储备粮库、总储量在 10000 吨以上的其他粮库。
4) 总储量在 500 吨以上的棉库。
5) 总储量在 10000 立方米以上的木材堆场。
6) 总储存价值在 1000 万元以上的可燃物品仓库、堆场。
7) 国家和省级重点工程的施工现场。

（12）其他发生火灾可能性较大以及一旦发生火灾可能造成人身重大伤亡或者财产重大损失的单位：界定标准由省级消防机构根据实际情况确定。

（二）消防安全管理制度

《规定》第十八条规定：单位应当按照国家有关规定，结合本单位的特点，建立健全各项消防安全制度和保障消防安全的操作规程，并公布执行。单位消防安全制度主要包括以下内容：消防安全教育、培训；防火巡查、检查；安全疏散设施管理；消防（控制室）值班；消防设施、器材维护管理；火灾隐患整改；用火、用电安全管理；易燃易爆危险物品和场所防火防爆；专职和义务消防队的组织管理；灭火和应急疏散预案演练；燃气和电气设备的检查和管理（包括防雷、防静电）；消防安全工作考评和奖惩；其他必要的消防安全内容。

（三）消防安全重点部位确定

《规定》第十九条规定：单位应当将容易发生火灾、一旦发生火灾可能严重危及人身和财产安全以及对消防安全有重大影响的部位确定为消防安全重点部位，设置明显的防火标志，实行严格管理。容易发生火灾的部位主要是指火灾危险性较大，或发生火灾危害性较大，以及发生火灾后影响人员安全疏散等部位。单位要结合实际将容易发生火灾的部位确定为消防安全管理的重点部位，如生产企业的油罐区、储存易燃易爆物品仓库、生产工艺流程中易出现险情的部位；公众聚集场所中人员聚集的厅、室、疏散通道、舞台等部位；单位内部的贵重物品室、档案资料室、精密仪器室等部位，以及与火灾扑救密切相关的配电房、消防控制室、消防水泵房、消防电梯机房等部位。具备上述特征的部位都与单位的消防安全密切相关，必须采取严格的措施加强管理，确保消防安全，如图 5-7 所示。

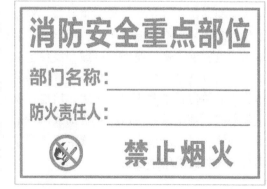

图 5-7　消防安全重点部位标志

四、防火检查

机关、团体、企业、事业单位应当定期进行防火检查。

《规定》第二十六条规定：机关、团体、事业单位应当至少每季度进行一次防火检查，其他单位应当至少每月进行一次防火检查。由于生产、经营等企业（包括事业性编制企业化管理的单位）消防安全管理动态性较强，诱发火灾危险的因素相应较多，为了确保安全，规定其防火检查的频次要高于其他单位。此外，《规定》第二十五条明确指出：消防安全重点单位应当进行每日防火巡查，并确定巡查的人员、内容、部位和频次。其他单位可以根据需要组织防火巡查。巡查的内容应当包括：用火、用电有无违章情况；安全出口、疏散通道是否畅通，安全疏散指示标志、应急照明是否完好；消防设施、器材和消防安全标志是否在位、完整；常闭式防火门是否处于关闭状态，防火卷帘下是否堆放物品影响使用；消防安全重点部位的人员在岗情况；其他消防安全情况。

公众聚集场所在营业期间的防火巡查应当至少每两小时一次；营业结束时应当对营业现场进行检查，消除遗留火种。医院、养老院、寄宿制的学校、托儿所、幼儿园应当加强夜间防火巡查，其他消防安全重点单位可以结合实际组织夜间防火巡查。

五、火灾隐患整改

《规定》第三十条规定：单位对存在的火灾隐患，应当及时予以消除。为确保单位火灾隐患整改的落实，保障消防安全，必须明确规定单位对自身存在的火灾隐患负有及时消除的法定责任与义务；单位对存在的火灾隐患，应当及时予以消除。

《规定》第三十二条规定：对不能当场改正的火灾隐患，消防工作归口管理职能部门或者专、兼职消防管理人员应当根据本单位的管理分工，及时将存在的火灾隐患向单位的消防安全管理人或者消防安全责任人报告，提出整改方案。消防安全管理人或者消防安全责任人应当确定整改的措施、期限以及负责整改的部门、人员，并落实整改资金。

在火灾隐患未消除之前，单位应当落实防范措施，保障消防安全。不能确保消防安全，随时可能引发火灾或者一旦发生火灾将严重危及人身安全的，应当将危险部位停产停业整改。

《规定》第三十四条规定：对于涉及城市规划布局而不能自身解决的重大火灾隐患，以及机关、团体、事业单位确无能力解决的重大火灾隐患，单位应当提出解决方案并及时向其上级主管部门或者当地人民政府报告。对于涉及城市规划布局的重大火灾隐患，如有的易燃易爆危险物品生产、储存单位，原本处于城市的边缘地带，安全布局符合安全要求，但随着城市建设发展，逐渐毗邻城区或居民住宅区，成为危及城市安全的重大火灾隐患。其整改工作往往涉及选址、搬迁的问题，超出了单位自身解决的权限范围。另外，一些机关以及团体、事业单位在整改火灾隐患时，所需经费开支数目较大，超出了自身筹集能力，需要上级主管部门、当地政府予以经费资助或协调的，单位应当提出解决方案并及时向上级主管部门或者当地人民政府报告。这种规定，体现了火灾隐患整改中权利与义务的对称性，有利于推动重大火灾隐患的整改工作。

【典型案例】

无视整改要求，违规经营

2023年6月28日，某地消防救援支队联合所在街道对某工业园区实施了全面的消防监督检查。检查过程中，发现该园区存在严重的消防安全隐患：将11幢厂房仓库中的2幢违规改造成公寓和宿舍，其余则分别用于办公、仓储及物流；防火间距被非法占用，消防设施配置不符合安全标准；厂房内部违规设置员工宿舍等，共计6项主要问题。

2024年1月3日，消防救援支队派员对该园区重大火灾隐患整改情况进行复查，发现该园区消防设施设置不符合要求、违规住人等情况未整改完成，且仍处于经营中。

【问题】 该园区无视整改要求，违规经营，可能的原因有哪些？

【解析】 法规意识不足：该园区可能缺乏对消防安全法规的深入理解，未充分认识到违规行为的潜在风险和严重后果，因此未能给予足够的重视。

内部管理问题：该园区内部可能存在整改责任不明确、资源分配不合理或执行力不足等问题，导致整改工作进展缓慢或停滞不前。

在此案例中，因该园区拒不整改重大火灾隐患的行为涉嫌危险作业罪，2024年1月13日，消防救援支队将相关情况报送所在地人民检察院，人民检察院于2024年1月16日联系了该园区法定代表人，对方表示将全力配合整改，并于2024年3月31日前将全部租户清退完毕。

【案例启示】 消防安全无小事，企业应始终将消防安全放在首位，对消防隐患进行及时整改，切实履行消防安全主体责任。

六、消防安全宣传教育和培训

（一）频次和内容

《规定》第三十六条对单位开展消防安全宣传教育和培训的时间及主要内容作了明确规定，并着重对公众聚集场所提出了要求：对员工的消防安全培训应当至少每半年进行一次，培训内容应当包括组织、引导在场群众疏散的知识与技能。同时，还规定单位应当组织新上岗和进入新岗位的员工进行上岗前的消防安全培训。

消防安全重点单位对每名员工应当至少每年进行一次消防安全培训。宣传教育和培训内容应当包括：有关消防法规、消防安全制度和保障消防安全的操作规程；本单位、本岗位的火灾危险性和防火措施；有关消防设施的性能、灭火器材的使用方法；报火警、扑救初起火灾以及自救逃生的知识和技能。

（二）培训对象

《规定》第三十八条规定：下列人员应当接受消防安全专门培训：

（1）单位的消防安全责任人、消防安全管理人。

（2）专、兼职消防管理人员。

（3）消防控制室的值班、操作人员。

（4）其他依照规定应当接受消防安全专门培训的人员。

前款规定中的第（3）项人员应当持证上岗。

某单位组织新上岗和进入新岗位的员工进行上岗前的消防安全培训,如图5-8所示。

图5-8 岗前消防安全培训

七、灭火、应急疏散预案和演练

《规定》第三十九条规定:消防安全重点单位制定的灭火和应急疏散预案应当包括下列内容。

(1) 组织机构,包括:灭火行动组、通讯联络组、疏散引导组、安全防护救护组。
(2) 报警和接警处置程序。
(3) 应急疏散的组织程序和措施。
(4) 扑救初起火灾的程序和措施。
(5) 通讯联络、安全防护救护的程序和措施。

《规定》第四十条规定:消防安全重点单位应当按照灭火和应急疏散预案,至少每半年进行一次演练,并结合实际,不断完善预案。其他单位应当结合本单位实际,参照制定相应的应急方案,至少每年组织一次演练。消防演练时,应当设置明显标识并事先告知演练范围内的人员。各单位须结合实际制定灭火和应急疏散预案的相关内容,这不仅关系到各单位在紧急情况下是否能快速处置初起火灾事故,减少财产损失,而且还关系到人员的安全。尤其是在公众聚集场所、学校、幼儿园、医院等消防安全重点单位,保障人员紧急疏散是最大限度地减少人员伤亡的关键措施。某高校组织火灾疏散逃生应急演练,如图5-9所示。

图5-9 某高校组织火灾疏散逃生应急演练

八、消防档案

《规定》第四十一条规定：消防安全重点单位应当建立健全消防档案。消防档案应当包括消防安全基本情况和消防安全管理情况。消防档案应当详实，全面反映单位消防工作的基本情况，并附有必要的图表，根据情况变化及时更新。单位应当对消防档案统一保管、备查。

建立消防档案是保障单位消防安全管理工作以及各项消防安全措施落实的基础工作。通过档案对各项消防安全工作情况的记载，可以检查单位相关岗位人员履行消防安全职责的实施情况，强化单位消防安全管理工作的责任意识，有利于推动单位的消防安全管理工作朝着规范化、制度化的方向发展。消防档案参考样式如图 5-10 所示。

序号	内容	页数	页码
1	消防安全重点单位告知书	1	1
2	消防安全重点单位申报表	1	2
3	重点单位调整文件	5	3
4	消防安全管理备案表	1	8
5	消防安全责任人、管理人基本情况	1	9
6	单位工商营业执照复印件	1	10
7	单位法定代表人、管理人身份证复印件	2	11
8	消防安全责任人基本情况统计表	1	13
9	消防安全管理人基本情况统计表	1	14
10	消防行政许可文件	1	15
11	单位基本概况	1	16
12	单位消防安全重点部位	1	17
13	单位建筑物（场所）情况	1	18
14	单位消防安全管理组织机构情况	1	19
15	单位各级消防安全责任人情况	1	20
16	单位消防安全管理制度	14	21
17	建筑消防设施、灭火器材情况	3	35
18	单位志愿消防队人员	1	38
19	单位志愿消防队装备配备情况	1	39
20	单位消防重点工种人员情况	1	40
21	自动消防系统操作人员证书复印件	3	41

图 5-10　消防档案参考样式

九、奖惩

《规定》第四十五条规定：单位应当将消防安全工作纳入内部检查、考核、评比内容。对在消防安全工作中成绩突出的部门（班组）和个人，单位应当给予表彰奖励。对未依法履行消防安全职责或者违反单位消防安全制度的行为，应当依照有关规定对责任人员给予行政纪律处分或者其他处理。

《规定》第四十六条规定：违反本规定，依法应当给予行政处罚的，依照有关法律、法规予以处罚；构成犯罪的，依法追究刑事责任。

单元三 《社会消防安全教育培训规定》解读

《社会消防安全教育培训规定》（以下简称《培训规定》）是为了加强社会消防安全教育培训工作，提高公民消防安全素质，有效预防火灾，减少火灾危害，根据《消防法》等有关法律法规制定的。其内容符合全国统一的消防安全教育培训大纲的要求。

一、政府部门管理职责

（一）公安机关的管理职责要求

《培训规定》第五条规定，公安机关应当掌握管辖区域的消防安全教育培训工作情况，向本级人民政府及相关部门提出工作建议，并指导和监督社会消防安全教育培训工作，对消防安全专业培训机构实施监督管理。

（二）住房和城乡建设行政部门的管理职责要求

《培训规定》第九条规定：住房和城乡建设行政部门应当指导和监督勘察设计单位、施工单位、工程监理单位、施工图审查机构、城市燃气企业、物业服务企业、风景名胜区经营管理单位和城市公园绿地管理单位等开展消防安全教育培训工作，将消防法律法规和工程建设消防技术标准纳入建设行业相关执业人员的继续教育和从业人员的岗位培训及考核内容。

（三）安全生产监督管理部门的管理职责要求

《培训规定》第十二条规定：安全生产监督管理部门应当履行下列职责：指导、监督矿山、危险化学品、烟花爆竹等生产经营单位开展消防安全教育培训工作；将消防安全知识纳入安全生产监管监察人员和矿山、危险化学品、烟花爆竹等生产经营单位主要负责人、安全生产管理人员以及特种作业人员培训考核内容；将消防法律法规和有关消防技术标准纳入注册安全工程师培训及执业资格考试内容。该条规定要求安全生产监管监察人员和矿山、危险化学品、烟花爆竹等生产经营单位主要负责人、安全生产管理人员以及特种作业人员通过消防安全知识培训考核。

（四）其他部门的管理职责要求

《培训规定》第六条、第七条、第八条、第十条、第十一条、第十三条分别对教育行政部门，民政部门，人力资源和社会保障部门，文化、文物行政部门，广播影视行政部门，旅游行政部门的管理职责作出了明确要求。

二、消防安全教育培训

消防安全培训管理的规定、要求

（一）单位消防安全教育培训的规定

《培训规定》第十四条规定：单位应当根据本单位的特点，建立健全消防安全教育培训制度，明确机构和人员，保障教育培训工作经费，按照下列规定对职工进行消防安全教育培训。

(1) 定期开展形式多样的消防安全宣传教育。

(2) 对新上岗和进入新岗位的职工进行上岗前消防安全培训。

（3）对在岗的职工每年至少进行一次消防安全培训。

（4）消防安全重点单位每半年至少组织一次、其他单位每年至少组织一次灭火和应急疏散演练。

单位对职工的消防安全教育培训应当将本单位的火灾危险性、防火灭火措施、消防设施及灭火器材的操作使用方法、人员疏散逃生知识等作为培训的重点。

某单位组织员工开展消防培训演练，如图5-11所示。

图5-11　消防培训演练

【素养园地】

企业经营不能忽视消防安全教育培训

2023年12月15日，某消防救援支队向某公司下发行政处罚决定书。处罚原因为该单位未开展消防安全培训，无培训记录，无演练照片，存在"未开展消防安全教育和消防知识培训，未定期进行灭火技术训练"的消防违法行为。

【素养启示】　单位负责人、单位安全管理人员一定要严格遵守消防相关规定，制定本单位的消防安全培训演练计划并严格监督执行，使单位消防安全培训落到实处，使员工的消防安全意识与技能不断提升，让单位的安全运行与员工的生命财产安全得到保障。

《培训规定》第二十条规定：物业服务企业应当在物业服务工作范围内，根据实际情况积极开展经常性消防安全宣传教育，每年至少组织一次本单位员工和居民参加的灭火和应急疏散演练。某社区物业服务企业组织社区居民参加灭火演练，如图5-12所示。

图5-12　灭火演练

《培训规定》第二十一条规定：由两个以上单位管理或者使用的同一建筑物，负责公共消防安全管理的单位应当对建筑物内的单位和职工进行消防安全宣传教育，每年至少组织一次灭火和应急疏散演练。该条规定要求同一建筑物内有多家使用单位时，负责公共消防安全管理的单位应当对建筑物内的单位和职工进行消防安全宣传教育，并组织灭火和应急疏散演练。

《培训规定》第二十五条规定：新闻、广播、电视等单位应当积极开设消防安全教育栏目，制作节目，对公众开展公益性消防安全宣传教育。

（二）学校消防安全教育培训的规定

《培训规定》第十六条规定：中小学校和学前教育机构应当针对不同年龄阶段学生认知特点，保证课时或者采取学科渗透、专题教育的方式，每学期对学生开展消防安全教育。小学阶段应当重点开展火灾危险及危害性、消防安全标志标识、日常生活防火、火灾报警、火场自救逃生常识等方面的教育。初中和高中阶段应当重点开展消防法律法规、防火灭火基本知识和灭火器材使用等方面的教育。学前教育机构应当采取游戏、儿歌等寓教于乐的方式，对幼儿开展消防安全常识教育。

《培训规定》第十七条规定：高等学校应当每学年至少举办一次消防安全专题讲座，在校园网络、广播、校内报刊等开设消防安全教育栏目，对学生进行消防法律法规、防火灭火知识、火灾自救他救知识和火灾案例教育。2024年5月，广西安全工程职业技术学院邀请广西消防救援总队训练与战勤保障支队专家进校开展消防安全专题讲座，如图5-13所示。

图5-13　广西安全工程职业技术学院
开展消防安全专题讲座

《培训规定》第十八条规定：国家支持和鼓励有条件的普通高等学校和中等职业学校根据经济社会发展需要，设置消防类专业或者开设消防类课程，培养消防专业人才，并依法面向社会开展消防安全培训。

（三）公共场所消防安全教育培训的规定

《培训规定》第二十二条规定：歌舞厅、影剧院、宾馆、饭店、商场、集贸市场、体育场馆、会堂、医院、客运车站、客运码头、民用机场、公共图书馆和公共展览馆等公共场所应当按照下列要求对公众开展消防安全宣传教育：

（1）在安全出口、疏散通道和消防设施等处的醒目位置设置消防安全标志、标识等。
（2）根据需要编印场所消防安全宣传资料供公众取阅。
（3）利用单位广播、视频设备播放消防安全知识。

养老院、福利院、救助站等单位，应当对服务对象开展经常性的用火用电和火场自救逃生安全教育。养老院、福利院、救助站等单位属于人员密集场所且服务的对象大多行动不便，一旦发生火灾，容易造成群死群伤，所以应当开展经常性的用火用电和火场自救逃生安全教育，提高服务对象的安全意识和应急逃生技能。

（四）在建工程消防安全教育培训的规定

《培训规定》第二十四条规定：在建工程的施工单位应当开展下列消防安全教育工作。
（1）建设工程施工前应当对施工人员进行消防安全教育。
（2）在建设工地醒目位置、施工人员集中住宿场所设置消防安全宣传栏，悬挂消防安全挂图和消防安全警示标识。
（3）对明火作业人员进行经常性的消防安全教育。
（4）组织灭火和应急疏散演练。

在建工程的建设单位应当配合施工单位做好上述消防安全教育工作。

三、消防安全专业培训机构管理规定

（一）关于消防安全专业培训机构登记的规定

《培训规定》第二十七条规定：国家机构以外的社会组织或者个人利用非国家财政性经费，举办消防安全专业培训机构，面向社会从事消防安全专业培训的，应当经省级教育行政部门或者人力资源和社会保障部门依法批准，并到省级民政部门申请民办非企业单位登记。

（二）消防安全专业培训机构符合条件的规定

《培训规定》第二十八条规定：成立消防安全专业培训机构应当符合下列条件。
（1）具有法人条件，有规范的名称和必要的组织机构。
（2）注册资金或者开办费一百万元以上。
（3）有健全的组织章程和培训、考试制度。
（4）具有与培训规模和培训专业相适应的专（兼）职教员队伍。
（5）有同时培训二百人以上规模的固定教学场所、训练场地，具有满足技能培训需要的消防设施、设备和器材。
（6）消防安全专业培训需要的其他条件。

前款第（4）条所指专（兼）职教员队伍中，专职教员应当不少于教员总数的二分之一；具有建筑、消防等相关专业中级以上职称，并有五年以上消防相关工作经历的教员不少于十人；消防安全管理、自动消防设施、灭火救援等专业课程应当分别配备理论教员和实习操作教员不少于两人。

该条规定为成立消防安全专业培训机构设置了门槛，只有满足规定要求才能成立消防安全专业培训机构。

（三）消防安全专业培训机构申请成立的规定

《培训规定》第二十九条规定：申请成立消防安全专业培训机构，依照国家有关法律法规，应当向省级教育行政部门或者人力资源和社会保障部门申请。省级教育行政部门或者人力资源和社会保障部门受理申请后，可以征求同级公安机关消防机构的意见。省级公安机关消防机构收到省级教育行政部门或者人力资源和社会保障部门移送的申请材料后，应当配合对申请成立消防安全专业培训机构的师资条件、场地和设施、设备、器材等进行核查，并出具书面意见。教育行政部门或者人力资源和社会保障部门根据有关民办职业培训机构的规定，并综合公安机关消防机构出具的书面意见进行评定，符合条件的予以批准，并向社会公告。根据该条规定，申请成立消防安全专业培训机构需向省级教育行政部门或者人力资源和社会保障部门申请，并经省级公安机关消防机构核查后出具书面同意意见。申请批准后，还需向社会公布。

（四）消防安全专业培训机构的培训质量、收费标准和活动监督管理的规定

《培训规定》第三十条规定：消防安全专业培训机构应当按照有关法律法规、规章和章程规定，开展消防安全专业培训，保证培训质量。消防安全专业培训机构开展消防安全专业培训，应当将消防安全管理、建筑防火和自动消防设施施工、操作、检测、维护技能作为培训的重点，对经理论和技能操作考核合格的人员，颁发培训证书。消防安全专业培训的收费标准，应当符合国家有关规定，并向社会公布。

《培训规定》第三十一条规定：省级教育行政部门或者人力资源和社会保障部门应当依法对消防安全专业培训机构进行管理，监督、指导消防安全专业培训机构依法开展活动。省级教育行政部门或者人力资源和社会保障部门应当对消防安全专业培训机构定期组织质量评估，并向社会公布监督评估情况。省级教育行政部门或者人力资源和社会保障部门在对消防安全专业培训机构进行质量评估时，可以邀请公安机关消防机构专业人员参加。

四、奖惩

（一）奖励有关规定

《培训规定》第三十二条规定：地方各级人民政府及有关部门对在消防安全教育培训工作中有突出贡献或者成绩显著的单位和个人，应当给予表彰奖励。单位对消防安全教育培训工作成绩突出的职工，应当给予表彰奖励。

（二）处罚有关规定

《培训规定》第三十三条规定：地方各级人民政府公安、教育、民政、人力资源和社会保障、住房和城乡建设、文化、广电、安全监管、旅游、文物等部门不依法履行消防安全教育培训工作职责的，上级部门应当给予批评；对直接责任人员由上级部门和所在单位视情节轻重，根据权限依法给予批评教育或者建议有权部门给予处分。公安机关消防机构工作人员在协助审查消防安全专业培训机构的工作中疏于职守的，由上级机关责令改正；情节严重的，对直接负责的主管人员和其他直接责任人员依法给予处分。

《培训规定》第三十四条规定：学校未按照本规定第十五条、第十六条、第十七条、第十八条规定开展消防安全教育工作的，教育、公安、人力资源和社会保障等主管部门应当按照职责分工责令其改正，并视情对学校负责人和其他直接责任人员给予处分。

《培训规定》第三十六条规定：社会组织或者个人未经批准擅自举办消防安全专业培训机构的，或者消防安全专业培训机构在培训活动中有违法违规行为的，由教育、人力资源和社会保障、民政等部门依据各自职责依法予以处理。

单元四　《高层民用建筑消防安全管理规定》解读

《高层民用建筑消防安全管理规定》（以下简称《安全管理规定》）是为了加强高层民用建筑消防安全管理，预防火灾和减少火灾危害，根据《消防法》等法律、行政法规和国务院有关规定制定的。它适用于已经建成且依法投入使用的高层民用建筑（包括高层住宅建筑和高层公共建筑）的消防安全管理。对建筑高度超过100米的高层民用建筑应当实行更加严格的消防安全管理。高层民用建筑如图5-14所示。

高层民用建筑消防安全管理规定

图 5-14　高层民用建筑

一、消防安全职责

（一）业主、使用人消防安全职责的规定

《安全管理规定》第四条规定：高层民用建筑的业主、使用人是高层民用建筑消防安全责任主体，对高层民用建筑的消防安全负责。高层民用建筑的业主、使用人是单位的，其法定代表人或者主要负责人是本单位的消防安全责任人。高层民用建筑的业主、使用人可以委托物业服务企业或者消防技术服务机构等专业服务单位（以下统称消防服务单位）提供消防安全服务，并应当在服务合同中约定消防安全服务的具体内容。

《安全管理规定》第五条规定：同一高层民用建筑有两个及以上业主、使用人的，各业主、使用人对其专有部分的消防安全负责，对共有部分的消防安全共同负责。同一高层民用建筑有两个及以上业主、使用人的，应当共同委托物业服务企业，或者明确一个业主、使用人作为统一管理人，对共有部分的消防安全实行统一管理，协调、指导业主、使用人共同做好整栋建筑的消防安全工作，并通过书面形式约定各方消防安全责任。同一高层民用建筑有两个及以上业主、使用人的，要明确一个统一管理人，对公共部分进行统一的消防安全管理，并书面明确各方的消防安全责任。

（二）承包、租赁或者委托经营消防安全职责的规定

《安全管理规定》第六条规定：高层民用建筑以承包、租赁或者委托经营、管理等形式交由承包人、承租人、经营管理人使用的，当事人在订立承包、租赁、委托管理等合同时，应当明确各方消防安全责任。委托方、出租方依照法律规定，可以对承包方、承租方、受托方的消防安全工作统一协调、管理。

实行承包、租赁或者委托经营、管理时，业主应当提供符合消防安全要求的建筑物，督促使用人加强消防安全管理。

（三）业主单位、使用单位消防安全职责的规定

《安全管理规定》第七条规定：高层公共建筑的业主单位、使用单位应当履行下列消防安全职责。

（1）遵守消防法律法规，建立和落实消防安全管理制度。

（2）明确消防安全管理机构或者消防安全管理人员。

（3）组织开展防火巡查、检查，及时消除火灾隐患。

（4）确保疏散通道、安全出口、消防车通道畅通。

（5）对建筑消防设施、器材定期进行检验、维修，确保完好有效。

（6）组织消防宣传教育培训，制定灭火和应急疏散预案，定期组织消防演练。

（7）按照规定建立专职消防队、志愿消防队（微型消防站）等消防组织。

（8）法律、法规规定的其他消防安全职责。

委托物业服务企业，或者明确统一管理人实施消防安全管理的，物业服务企业或者统一管理人应当按照约定履行前款规定的消防安全职责，业主单位、使用单位应当督促并配合物业服务企业或者统一管理人做好消防安全工作。

（四）消防安全管理人及其消防安全职责的规定

《安全管理规定》第八条规定：高层公共建筑的业主、使用人、物业服务企业或者统一管理人应当明确专人担任消防安全管理人，负责整栋建筑的消防安全管理工作，并在建筑显著位置公示其姓名、联系方式和消防安全管理职责。高层公共建筑的消防安全管理人应当履行下列消防安全管理职责。

（1）拟订年度消防工作计划，组织实施日常消防安全管理工作。

（2）组织开展防火检查、巡查和火灾隐患整改工作。

（3）组织实施对建筑共用消防设施设备的维护保养。

（4）管理专职消防队、志愿消防队（微型消防站）等消防组织。

（5）组织开展消防安全的宣传教育和培训。

（6）组织编制灭火和应急疏散综合预案并开展演练。

高层公共建筑的消防安全管理人应当具备与其职责相适应的消防安全知识和管理能力。对建筑高度超过100米的高层公共建筑，鼓励有关单位聘用相应级别的注册消防工程师或者相关工程类中级及以上专业技术职务的人员担任消防安全管理人。

（五）消防安全监督检查、消防隐患排查职责的规定

《安全管理规定》第十一条规定：消防救援机构和其他负责消防监督检查的机构依法对

高层民用建筑进行消防监督检查，督促业主、使用人、受委托的消防服务单位等落实消防安全责任；对监督检查中发现的火灾隐患，通知有关单位或者个人立即采取措施消除隐患。消防救援机构应当加强高层民用建筑消防安全法律、法规的宣传，督促、指导有关单位做好高层民用建筑消防安全宣传教育工作。

《安全管理规定》第十二条规定：村民委员会、居民委员会应当依法组织制定防火安全公约，对高层民用建筑进行防火安全检查，协助人民政府和有关部门加强消防宣传教育；对老年人、未成年人、残疾人等开展有针对性的消防宣传教育，加强消防安全帮扶。

《安全管理规定》第十三条规定：供水、供电、供气、供热、通信、有线电视等专业运营单位依法对高层民用建筑内由其管理的设施设备消防安全负责，并定期进行检查和维护。

二、消防安全管理

（一）有关施工现场消防安全管理的规定

《安全管理规定》第十四条规定：高层民用建筑施工期间，建设单位应当与施工单位明确施工现场的消防安全责任。施工期间应当严格落实现场防范措施，配置消防器材，指定专人监护，采取防火分隔措施，不得影响其他区域的人员安全疏散和建筑消防设施的正常使用。高层民用建筑的业主、使用人不得擅自变更建筑使用功能、改变防火防烟分区，不得违反消防技术标准使用易燃、可燃装修装饰材料。高层民用建筑施工现场如图5-15所示。

图5-15 高层民用建筑施工现场

（二）有关动火作业消防安全管理的规定

《安全管理规定》第十五条规定：高层民用建筑的业主、使用人或者物业服务企业、统一管理人应当对动用明火作业实行严格的消防安全管理，不得在具有火灾、爆炸危险的场所使用明火；因施工等特殊情况需要进行电焊、气焊等明火作业的，应当按照规定办理动火审批手续，落实现场监护人，配备消防器材，并在建筑主入口和作业现场显著位置公告。作业人员应当依法持证上岗，严格遵守消防安全规定，清除周围及下方的易燃、可燃物，采取防火隔离措施。作业完毕后，应当进行全面检查，消除遗留火种。高层公共建筑内的商场、公共娱乐场所不得在营业期间动火施工。高层公共建筑内应当确定禁火禁烟区域，并设置明显标志。

(三）有关用电、用气设备安装使用消防安全管理的规定

《安全管理规定》第十六条规定：高层民用建筑内电器设备的安装使用及其线路敷设、维护保养和检测应当符合消防技术标准及管理规定。高层民用建筑业主、使用人或者消防服务单位，应当安排专业机构或者电工定期对管理区域内由其管理的电器设备及线路进行检查；对不符合安全要求的，应当及时维修、更换。

《安全管理规定》第十七条规定：高层民用建筑内燃气用具的安装使用及其管路敷设、维护保养和检测应当符合消防技术标准及管理规定。禁止违反燃气安全使用规定，擅自安装、改装、拆除燃气设备和用具。高层民用建筑使用燃气应当采用管道供气方式。禁止在高层民用建筑地下部分使用液化石油气。

（四）有关消防通道消防安全管理的规定

《安全管理规定》第二十二条规定：禁止在消防车通道、消防车登高操作场地设置构筑物、停车泊位、固定隔离桩等障碍物。禁止在消防车通道上方、登高操作面设置妨碍消防车作业的架空管线、广告牌、装饰物等障碍物。该条规定旨在保证高层民用建筑物的消防车通道、消防车登高操作场地能随时正常使用。

（五）有关消防控制室消防安全管理的规定

《安全管理规定》第二十六条规定：高层民用建筑消防控制室应当由其管理单位实行24小时值班制度，每班不应少于2名值班人员。消防控制室值班操作人员应当依法取得相应等级的消防行业特有工种职业资格证书，熟练掌握火警处置程序和要求，按照有关规定检查自动消防设施、联动控制设备运行情况，确保其处于正常工作状态。消防控制室内应当保存高层民用建筑总平面布局图、平面布置图和消防设施系统图及控制逻辑关系说明、建筑消防设施维修保养记录和检测报告等资料。消防控制室如图5-16所示。

图5-16　消防控制室

【典型案例】

高层民用建筑未按照规定落实消防控制室值班制度，该罚！

2023年9月，温州市某街道应急管理中心在对某小区（为高层民用建筑）进行检查时，发现该小区消防控制室无人在岗，小区未按照规定落实消防控制室值班制度，依法给予该小区物业公司罚款人民币7000元整的行政处罚。

【问题】 该小区物业公司的行为违反了哪些规定？

【解析】 该小区的消防控制室未安排值班人员，违反了《安全管理规定》第二十六条规定。

（六）有关安全疏散消防安全管理的规定

《安全管理规定》第二十八条规定：高层民用建筑的疏散通道、安全出口应当保持畅通，禁止堆放物品、锁闭出口、设置障碍物。平时需要控制人员出入或者设有门禁系统的疏散门，应当保证发生火灾时易于开启，并在现场显著位置设置醒目的提示和使用标识。高层民用建筑的常闭式防火门应当保持常闭，闭门器、顺序器等部件应当完好有效；常开式防火门应当保证发生火灾时自动关闭并反馈信号。禁止圈占、遮挡消火栓，禁止在消火栓箱内堆放杂物，禁止在防火卷帘下堆放物品。

《安全管理规定》第二十九条规定：高层民用建筑内应当在显著位置设置标识，指示避难层（间）的位置。禁止占用高层民用建筑避难层（间）和避难走道或者堆放杂物，禁止锁闭避难层（间）和避难走道出入口。该条规定旨在保证避难层（间）和避难走道出入口保持畅通。

《安全管理规定》第三十条规定：高层公共建筑的业主、使用人应当按照国家标准、行业标准配备灭火器材以及自救呼吸器、逃生缓降器、逃生绳等逃生疏散设施器材。高层住宅建筑应当在公共区域的显著位置摆放灭火器材，有条件的配置自救呼吸器、逃生绳、救援哨、疏散用手电筒等逃生疏散设施器材。鼓励高层住宅建筑的居民家庭制定火灾疏散逃生计划，并配置必要的灭火和逃生疏散器材。高层建筑火灾具有火势蔓延快、疏散困难、扑救难度大等特点，且高层建筑楼层高、体积大、人员多、功能繁杂，一旦发生火灾，往往扑救困难、损失巨大、后果惨重。因此，高层建筑一旦发生火灾，自救互救显得尤为重要。高层住宅建筑的居民家庭平时应加强消防安全和火灾疏散逃生的培训学习，可配置必要的灭火和逃生疏散器材，用于扑救初起火灾和疏散逃生。某高层建筑火灾现场如图5-17所示。

图5-17 某高层建筑火灾现场

（七）有关电动自行车消防安全管理的规定

《安全管理规定》第三十七条规定：禁止在高层民用建筑公共门厅、疏散走道、楼梯间、安全出口停放电动自行车或者为电动自行车充电。鼓励在高层住宅小区内设置电动自行车集中存放和充电的场所。电动自行车存放、充电场所应当独立设置，并与高层民用建筑保持安全距离；确需设置在高层民用建筑内的，应当与该建筑的其他部分进行防火分隔。电动自行车存放、充电场所应当配备必要的消防器材，充电设施应当具备充满自动断电功能。

电动自行车有自燃的风险，一旦自燃就很容易造成严重的火灾事故，因此为了保障高层民用建筑消防安全，高层民用建筑公共门厅、疏散走道、楼梯间、安全出口等区域严禁停放电动自行车。某高层民用建筑楼梯间停放电动车充电引发火灾，如图5-18所示。

图 5-18　某高层民用建筑楼梯间停放电动车充电引发火灾

三、消防宣传教育和灭火疏散预案

《安全管理规定》第四十一条规定：高层公共建筑内的单位应当每半年至少对员工开展一次消防安全教育培训。高层公共建筑内的单位应当对本单位员工进行上岗前消防安全培训，并对消防安全管理人员、消防控制室值班人员和操作人员、电工、保安员等重点岗位人员组织专门培训。高层住宅建筑的物业服务企业应当每年至少对居住人员进行一次消防安全教育培训，进行一次疏散演练。高层民用建筑统一管理单位不仅要组织编制相应的灭火和应急疏散预案，还需按照相关要求组织预案演练，并根据演练情况对预案进行评估和修订，使预案贴合实战要求，提升高层民用建筑消防安全管理能力，保障高层民用建筑内人员生命财产安全。

《安全管理规定》第四十六条规定：火灾发生时，发现火灾的人员应当立即拨打119电话报警。火灾发生后，高层民用建筑的业主、使用人、消防服务单位应当迅速启动灭火和应急疏散预案，组织人员疏散，扑救初起火灾。火灾扑灭后，高层民用建筑的业主、使用人、消防服务单位应当组织保护火灾现场，协助火灾调查。

四、法律责任

(一) 单位和个人的法律责任

《安全管理规定》第四十七条规定：违反本规定，有下列行为之一的，由消防救援机构责令改正，对经营性单位和个人处2000元以上10000元以下罚款，对非经营性单位和个人处500元以上1000元以下罚款。

(1) 在高层民用建筑内进行电焊、气焊等明火作业，未履行动火审批手续、进行公告，或者未落实消防现场监护措施的。

(2) 高层民用建筑设置的户外广告牌、外装饰妨碍防烟排烟、逃生和灭火救援，或者改变、破坏建筑立面防火结构的。

（3）未设置外墙外保温材料提示性和警示性标识，或者未及时修复破损、开裂和脱落的外墙外保温系统的。

（4）未按照规定落实消防控制室值班制度，或者安排不具备相应条件的人员值班的。

（5）未按照规定建立专职消防队、志愿消防队等消防组织的。

（6）因维修等需要停用建筑消防设施未进行公告、未制定应急预案或者未落实防范措施的。

（7）在高层民用建筑的公共门厅、疏散走道、楼梯间、安全出口停放电动自行车或者为电动自行车充电，拒不改正的。

（二）消防救援机构及其工作人员的法律责任

《安全管理规定》第四十九条规定：消防救援机构及其工作人员在高层民用建筑消防监督检查中，滥用职权、玩忽职守、徇私舞弊的，对直接负责的主管人员和其他直接责任人员依法给予处分；构成犯罪的，依法追究刑事责任。

单元五　其他消防安全部门规章解读

一、《消防监督检查规定》解读

《消防监督检查规定》（以下简称《检查规定》）是为了加强和规范消防监督检查工作，督促机关、团体、企业、事业单位等（以下简称单位）履行消防安全职责，依据《消防法》制定的。该规定适用于公安机关消防机构和公安派出所对单位遵守消防法律、法规的情况进行消防监督检查。

消防监督检查规定

（一）消防监督检查的形式和内容

《检查规定》第六条规定：消防监督检查的形式有：对公众聚集场所在投入使用、营业前的消防安全检查；对单位履行法定消防安全职责情况的监督抽查；对举报投诉的消防安全违法行为的核查；对大型群众性活动举办前的消防安全检查；根据需要进行的其他消防监督检查。

《检查规定》第七条规定：公安机关消防机构根据本地区火灾规律、特点等消防安全需要组织监督抽查；在火灾多发季节、重大节日、重大活动前或者期间，应当组织监督抽查。消防安全重点单位应当作为监督抽查的重点，非消防安全重点单位必须在监督抽查的单位数量中占有一定比例。对属于人员密集场所的消防安全重点单位每年至少监督检查一次。消防安全重点单位、人员密集场所一旦发生火灾，容易造成较大人员伤亡和财产损失，所以它们是消防安全检查的重中之重。消防监督检查现场如图5-19所示。

《检查规定》第八条规定：公众聚集场所在投入使用、营业前，建设单位或者使用单位应当向场所所在地的县级以上人民政府公安机关消防机构申请消防安全检查，并提交下列材料：消防安全检查申报表；营业执照复印件或者工商行政管理机关出具的企业名称预先核准

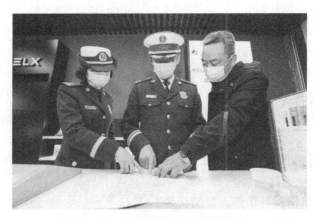

图 5-19 消防监督检查现场

通知书；依法取得的建设工程消防验收或者进行竣工验收消防备案的法律文件复印件；消防安全制度、灭火和应急疏散预案、场所平面布置图；员工岗前消防安全教育培训记录和自动消防系统操作人员取得的消防行业特有工种职业资格证书复印件；法律、行政法规规定的其他材料。

依照《建设工程消防监督管理规定》不需要进行竣工验收消防备案的公众聚集场所申请消防安全检查的，还应当提交场所室内装修消防设计施工图、消防产品质量合格证明文件，以及装修材料防火性能符合消防技术标准的证明文件、出厂合格证。公安机关消防机构对消防安全检查的申请，应当按照行政许可有关规定受理。该条规定明确了消防检查验收申请的详细要求，公众聚集场所在投入使用、营业前必须经过消防检查验收，按照要求提交消防验收检查申请，并经过公安机关消防机构验收，验收不合格不能投入使用。

（二）消防监督检查的程序

1. 执法人员数量规定

《检查规定》第十四条规定：公安机关消防机构实施消防监督检查时，检查人员不得少于两人，并出示执法身份证件。消防监督检查应当填写检查记录，如实记录检查情况。

2. 公众聚集场所投入使用、营业前消防安全检查的规定

《检查规定》第十五条规定：对公众聚集场所投入使用、营业前的消防安全检查，公安机关消防机构应当自受理申请之日起十个工作日内进行检查，自检查之日起三个工作日内作出同意或者不同意投入使用或者营业的决定，并送达申请人。

3. 大型群众性活动现场在举办前进行消防安全检查的规定

《检查规定》第十六条规定：对大型群众性活动现场在举办前进行的消防安全检查，公安机关消防机构应当在接到本级公安机关治安部门书面通知之日起三个工作日内进行检查，并将检查记录移交本级公安机关治安部门。

4. 消防安全违法行为检查的规定

《检查规定》第十八条规定：公安机关消防机构应当按照下列时限，对举报投诉的消防安全违法行为进行实地核查。

（1）对举报投诉占用、堵塞、封闭疏散通道、安全出口或者其他妨碍安全疏散行为，以及擅自停用消防设施的，应当在接到举报投诉后二十四小时内进行核查。

（2）对举报投诉本款第一项以外的消防安全违法行为，应当在接到举报投诉之日起三个工作日内进行核查。

核查后，对消防安全违法行为应当依法处理。处理情况应当及时告知举报投诉人；无法告知的，应当在受理登记中注明。

《检查规定》第十九条规定：在消防监督检查中，公安机关消防机构对发现的依法应当责令立即改正的消防安全违法行为，应当当场制作、送达责令立即改正通知书，并依法予以处罚；对依法应当责令限期改正的，应当自检查之日起三个工作日内制作、送达责令限期改正通知书，并依法予以处罚。对违法行为轻微并当场改正完毕，依法可以不予行政处罚的，可以口头责令改正，并在检查记录上注明。

《检查规定》第二十条规定：对依法责令限期改正的，应当根据改正违法行为的难易程度合理确定改正期限。公安机关消防机构应当在责令限期改正期限届满或者收到当事人的复查申请之日起三个工作日内进行复查。对逾期不改正的，依法予以处罚。

5. 火灾隐患有关规定

（1）火灾隐患的判定

《检查规定》第三十八条规定：具有下列情形之一的，应当确定为火灾隐患。

① 影响人员安全疏散或者灭火救援行动，不能立即改正的。
② 消防设施未保持完好有效，影响防火灭火功能的。
③ 擅自改变防火分区，容易导致火势蔓延、扩大的。
④ 在人员密集场所违反消防安全规定，使用、储存易燃易爆危险品，不能立即改正的。
⑤ 不符合城市消防安全布局要求，影响公共安全的。
⑥ 其他可能增加火灾实质危险性或者危害性的情形。

重大火灾隐患按照国家有关标准认定。

（2）临时查封及其解除

《检查规定》第二十二条规定：公安机关消防机构在消防监督检查中发现火灾隐患，应当通知有关单位或者个人立即采取措施消除；对具有下列情形之一，不及时消除可能严重威胁公共安全的，应当对危险部位或者场所予以临时查封。

① 疏散通道、安全出口数量不足或者严重堵塞，已不具备安全疏散条件的。
② 建筑消防设施严重损坏，不再具备防火灭火功能的。
③ 人员密集场所违反消防安全规定，使用、储存易燃易爆危险品的。
④ 公众聚集场所违反消防技术标准，采用易燃、可燃材料装修，可能导致重大人员伤亡的。
⑤ 其他可能严重威胁公共安全的火灾隐患。临时查封期限不得超过三十日。临时查封期限届满后，当事人仍未消除火灾隐患的，公安机关消防机构可以再次依法予以临时查封。

【典型案例】

消防安全无小事，火灾隐患要及时消除

2023年8月21日，某市消防救援支队消防监督员对某养生馆开展消防监督检查，发现该单位经营场所内的住宿与非住宿部分未完全分隔，未按标准设置独立的疏散通道，违规设

置人员住宿场所，检查人员依法对该场所内的员工宿舍采取临时查封措施。

【问题】 该养生馆的行为违反了哪些规定？

【解析】 该养生馆的行为违反了《检查规定》第二十二条规定。

《检查规定》第二十五条规定：火灾隐患消除后，当事人应当向作出临时查封决定的公安机关消防机构申请解除临时查封。公安机关消防机构应当自收到申请之日起三个工作日内进行检查，自检查之日起三个工作日内作出是否同意解除临时查封的决定，并送达当事人。对检查确认火灾隐患已消除的，应当作出解除临时查封的决定。

(三) 执法监督相关规定

《检查规定》第三十六条规定：公安机关消防机构及其工作人员在消防监督检查中有下列情形的，对直接负责的主管人员和其他直接责任人员应当依法给予处分；构成犯罪的，依法追究刑事责任。

（1）不按规定制作、送达法律文书，不按照本规定履行消防监督检查职责，拒不改正的。

（2）对不符合消防安全条件的公众聚集场所准予消防安全检查合格的。

（3）无故拖延消防安全检查，不在法定期限内履行职责的。

（4）未按照本规定组织开展消防监督抽查的。

（5）发现火灾隐患不及时通知有关单位或者个人整改的。

（6）利用消防监督检查职权为用户指定消防产品的品牌、销售单位或者指定消防技术服务机构，消防设施施工、维修保养单位的。

（7）接受被检查单位、个人财物或者其他不正当利益的。

（8）其他滥用职权、玩忽职守、徇私舞弊的行为。

《检查规定》第三十七条规定：公安机关消防机构工作人员的近亲属严禁在其管辖的区域或者业务范围内经营消防公司、承揽消防工程、推销消防产品。

违反前款规定的，按照有关规定对公安机关消防机构工作人员予以处分。

《检查规定》第三十六条、第三十七条规定保障了消防安全检查的公正性和权威性，公安机关消防机构的工作人员需严格遵守、公正执法。

二、《火灾事故调查规定》解读

(一) 火灾事故调查管辖权限相关规定

《火灾事故调查规定》（以下简称《调查规定》）第六条规定：火灾事故调查由火灾发生地公安机关消防机构按照下列分工进行。

① 一次火灾死亡十人以上的，重伤二十人以上或者死亡、重伤二十人以上的，受灾五十户以上的，由省、自治区人民政府公安机关消防机构负责组织调查。

② 一次火灾死亡一人以上的，重伤十人以上的，受灾三十户以上的，由设区的市或者相当于同级的人民政府公安机关消防机构负责组织调查。

③ 一次火灾重伤十人以下或者受灾三十户以下的，由县级人民政府公安机关消防机构负责调查。

直辖市人民政府公安机关消防机构负责组织调查一次火灾死亡三人以上的，重伤二十人以上或者死亡、重伤二十人以上的，受灾五十户以上的火灾事故，直辖市的区、县级人民政府公安机关消防机构负责调查其他火灾事故。仅有财产损失的火灾事故调查，由省级人民政府公安机关结合本地实际作出管辖规定，报公安部备案。

《调查规定》第七条规定：跨行政区域的火灾，由最先起火地的公安机关消防机构按照本规定第六条的分工负责调查，相关行政区域的公安机关消防机构予以协助。对管辖权发生争议的，报请共同的上一级公安机关消防机构指定管辖。县级人民政府公安机关负责实施的火灾事故调查管辖权发生争议的，由共同的上一级主管公安机关指定。

《调查规定》第八条规定：上级公安机关消防机构应当对下级公安机关消防机构火灾事故调查工作进行监督和指导。上级公安机关消防机构认为必要时，可以调查下级公安机关消防机构管辖的火灾。

（二）火灾调查简易程序

《调查规定》第十二条规定：同时具有下列情形的火灾，可以适用简易调查程序。
① 没有人员伤亡的。
② 直接财产损失轻微的。
③ 当事人对火灾事故事实没有异议的。
④ 没有放火嫌疑的。

前款第二项的具体标准由省级人民政府公安机关确定，报公安部备案。

《调查规定》第十三条规定：适用简易调查程序的，可以由一名火灾事故调查人员调查。火灾事故调查人员应当在二日内将火灾事故简易调查认定书报所属公安机关消防机构备案。

（三）火灾调查一般程序

1. 一般规定

《调查规定》第十四条规定：除依照本规定适用简易调查程序的外，公安机关消防机构对火灾进行调查时，火灾事故调查人员不得少于两人。必要时，可以聘请专家或者专业人员协助调查。

《调查规定》第十五条规定：公安部和省级人民政府公安机关应当成立火灾事故调查专家组，协助调查复杂、疑难的火灾。专家组的专家协助调查火灾的，应当出具专家意见。

《调查规定》第十六条规定：火灾发生地的县级公安机关消防机构应当根据火灾现场情况，排除现场险情，保障现场调查人员的安全，并初步划定现场封闭范围，设置警戒标志，禁止无关人员进入现场，控制火灾肇事嫌疑人。

公安机关消防机构应当根据火灾事故调查需要，及时调整现场封闭范围，并在现场勘验结束后及时解除现场封闭。

《调查规定》第十七条规定：封闭火灾现场的，公安机关消防机构应当在火灾现场对封闭的范围、时间和要求等予以公告。

火灾事故勘查现场如图5-20所示。

《调查规定》第十八条规定：公安机关消防机构应当自接到火灾报警之日起三十日内作出火灾事故认定；情况复杂、疑难的，经上一级公安机关消防机构批准，可以延长三十日。火灾事故调查中需要进行检验、鉴定的，检验、鉴定时间不计入调查期限。由于有些火灾事故调查比较复杂，涉及面较大，在三十日内（不包括检验、鉴定时间）无法作出火灾事故认定，所以需要延长调查时间，但需经上一级公安机关消防机构批准。

图 5-20 火灾事故勘查现场

2. 火灾损失统计

《调查规定》第二十七条规定：受损单位和个人应当于火灾扑灭之日起七日内向火灾发生地的县级公安机关消防机构如实申报火灾直接财产损失，并附有效证明材料。

《调查规定》第二十八条规定：公安机关消防机构应当根据受损单位和个人的申报、依法设立的价格鉴证机构出具的火灾直接财产损失鉴定意见以及调查核实情况，按照有关规定，对火灾直接经济损失和人员伤亡进行如实统计。

3. 火灾事故认定

《调查规定》第二十九条规定：公安机关消防机构应当根据现场勘验、调查询问和有关检验、鉴定意见等调查情况，及时作出起火原因的认定。

《调查规定》第三十二条规定：公安机关消防机构应当制作火灾事故认定书，自作出之日起七日内送达当事人，并告知当事人申请复核的权利。无法送达的，可以在作出火灾事故认定之日起七日内公告送达。公告期为二十日，公告期满即视为送达。

《调查规定》第三十四条规定：公安机关消防机构作出火灾事故认定后，当事人可以申请查阅、复制、摘录火灾事故认定书、现场勘验笔录和检验、鉴定意见，公安机关消防机构应当自接到申请之日起七日内提供，但涉及国家秘密、商业秘密、个人隐私或者移交公安机关其他部门处理的依法不予提供，并说明理由。火灾事故认定书中涉及国家秘密、商业秘密、个人隐私或者移交公安机关其他部门处理的部分是依法不予以公开的部分，但公安机关消防机构拒绝提供时，需向当事人说明理由。

（四）火灾事故调查的处理规定

1. 火灾事故调查处理

《调查规定》第四十一条规定：公安机关消防机构在火灾事故调查过程中，应当根据下列情况分别作出处理。

（1）涉嫌失火罪、消防责任事故罪的，按照《公安机关办理刑事案件程序规定》立案侦查；涉嫌其他犯罪的，及时移送有关主管部门办理。

（2）涉嫌消防安全违法行为的，按照《公安机关办理行政案件程序规定》调查处理；涉嫌其他违法行为的，及时移送有关主管部门调查处理。

（3）依照有关规定应当给予处分的，移交有关主管部门处理。

对经过调查不属于火灾事故的,公安机关消防机构应当告知当事人处理途径并记录在案。

2. 对公安机关消防机构及其工作人员的违法行为处理

《调查规定》第四十四条规定:公安机关消防机构及其工作人员有下列行为之一的,依照有关规定给予责任人员处分;构成犯罪的,依法追究刑事责任。

(1) 指使他人错误认定或者故意错误认定起火原因的。

(2) 瞒报火灾、火灾直接经济损失、人员伤亡情况的。

(3) 利用职务上的便利,索取或者非法收受他人财物的。

(4) 其他滥用职权、玩忽职守、徇私舞弊的行为。

该条规定保障了火灾事故调查的客观性、公正性、合法性。

模块六

>>> 消防安全相关文件解读

 学习目标

知识目标：
1. 说出消防安全相关文件的制定背景。
2. 概括消防安全相关文件的主要内容。
3. 总结消防安全相关文件的内容，并进行比较。

能力目标：
1. 能解读消防安全相关文件有关内容条款。
2. 能运用消防安全相关文件分析消防安全违法案例。
3. 能运用消防安全相关文件解决工作和生活中的实际问题。

素质目标：
1. 具有良好的消防安全法律素养。
2. 增强自觉遵守消防安全法律的意识。
3. 提高消防安全的风险意识。

思维导图

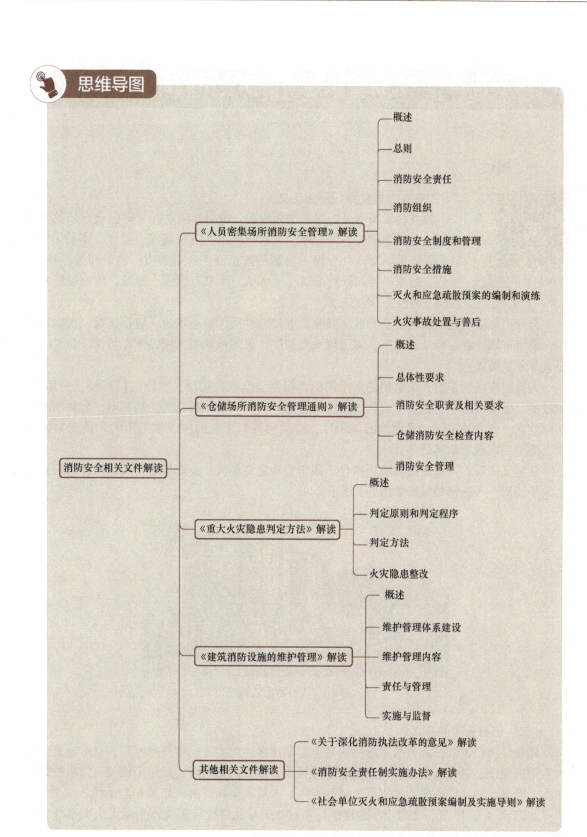

单元一 《人员密集场所消防安全管理》解读

一、概述

人员密集场所消防安全管理

(一) 人员密集场所的定义

公共娱乐场所是指具有文化娱乐、健身休闲功能并向公众开放的室内场所，包括影剧院、录像厅、礼堂等演出、放映场所，舞厅、卡拉OK厅等歌舞娱乐场所，具有娱乐功能的夜总会、音乐茶座、酒吧和餐饮场所，游艺、游乐场所和保龄球馆、旱冰场、桑拿等娱乐、健身、休闲场所和互联网上网服务营业场所。

公众聚集场所是指面对公众开放，具有商业经营性质的室内场所，包括宾馆、饭店、商场、集贸市场、客运车站候车室、客运码头候船厅、民用机场航站楼、体育场馆、会堂以及公共娱乐场所等。

人员密集场所是指人员聚集的室内场所，包括公众聚集场所，医院的门诊楼、病房楼，学校的教学楼、图书馆、食堂和集体宿舍，养老院、福利院，托儿所，幼儿园，公共图书馆的阅览室，公共展览馆、博物馆的展示厅，劳动密集型企业的生产加工车间和员工集体宿舍，旅游、宗教活动场所等。

从定义来看，人员密集场所包括且不限于公众聚集场所，公众聚集场所包括且不限于公共娱乐场所。人员密集场所如图6-1所示。

图6-1 人员密集场所

(二) 出台背景和意义

随着经济的发展，人员密集场所的数量急剧增多，此类建筑涉及范围广，具有建筑空间大、结构复杂、易燃材料多、火灾隐患多等特点，加之人员聚集，近年来相关火灾事故日趋增多，尤其是群死群伤恶性火灾事故时有发生。人员密集场所火灾如图6-2所示。

2023年4月18日，北京市丰台区靛厂新村291号北京长峰医院发生重大火灾事故，造成29人死亡、42人受伤，直接经济损失3831.82万元。

图 6-2 人员密集场所火灾

2022 年 11 月 21 日,河南省安阳市文峰区安阳市凯信达商贸有限公司发生特别重大火灾事故,造成 42 人死亡、2 人受伤,直接经济损失 12311 万元。

2021 年 6 月 25 日,河南省柘城县远襄镇北街村柘城县震兴国际搏击俱乐部(震兴武馆)发生重大火灾事故,造成 18 人死亡、11 人受伤,直接经济损失 2153.7 万元。

为切实吸取火灾事故教训,规范人员密集场所的消防安全管理,遏制群死群伤火灾事故的发生,依据《消防法》《规定》等相关法律法规,2021 年 5 月 21 日,应急管理部批准发布《人员密集场所消防安全管理》(GB/T 40248—2021),旨在引导和规范人员密集场所的消防工作,提高场所的消防安全水平,在预防上下功夫,建立"消防安全自查、火灾隐患自除、消防责任自负"的自我管理与约束机制,实现防止火灾发生、减少火灾危害,保障人身和财产安全的目标。该标准提出了人员密集场所的消防安全管理要求和措施,适用于具有一定规模的人员密集场所及其所在建筑的消防安全管理。该标准主要内容包括总则、消防安全责任、消防组织、消防安全制度和管理、消防安全措施、灭火和应急疏散预案编制和演练、火灾事故处置与善后。

二、总则

(1)人员密集场所的消防安全管理应以防止火灾发生、减少火灾危害、保障人身和财产安全为目标,通过采取有效的管理措施和先进的技术手段,提高预防和控制火灾的能力。

(2)人员密集场所的消防安全管理应遵守消防法律、法规、规章,贯彻"预防为主、防消结合"的消防工作方针,履行消防安全职责,保障消防安全。

(3)人员密集场所应结合本场所的特点建立完善的消防安全管理体系和机制,自行开展或委托消防技术服务机构定期开展消防设施维护保养检测、消防安全评估,并宜采用先进的消防技术、产品和方法,保证建筑具备消防安全条件。

(4)人员密集场所应逐级落实消防安全责任制,明确各级、各岗位消防安全职责,确定相应的消防安全责任人员。

(5)实行承包、租赁或者委托经营、管理时,人员密集场所的产权方应提供符合消防安全要求的建筑物、场所;当事人在订立相关租赁或承包合同时,应依照有关规定明确各方的消防安全责任。

(6)消防车通道(市政道路除外)、消防车登高操作场地、涉及公共消防安全的疏散设施和其他建筑消防设施,应由人员密集场所产权方或者委托统一管理单位管理。承包、承租或者受委托经营、管理者,应在其使用、管理范围内履行消防安全职责。

(7) 对于有两个或两个以上产权者和使用者的人员密集场所,除依法履行自身消防管理职责外,对消防车通道、涉及公共消防安全的疏散设施和其他建筑消防设施应明确统一管理的责任者。

三、消防安全责任

(一) 基本要求

(1) 人员密集场所应加强消防安全主体责任的落实,全面实行消防安全责任制。

(2) 人员密集场所的消防安全责任人,应由该场所法人单位的法定代表人、主要负责人或者实际控制人担任。消防安全重点单位应确定消防安全管理人,其他单位消防安全责任人可以根据需要确定本场所的消防安全管理人,消防安全管理人宜具备注册消防工程师执业资格。承包、租赁场所的承租人是其承包、租赁范围的消防安全责任人。人员密集场所单位内部各部门的负责人是该部门的消防安全负责人。

(3) 消防安全责任人、消防安全管理人应经过消防安全培训。进行电焊、气焊等具有火灾危险作业的人员和自动消防设施的值班操作人员,应经过消防职业培训,掌握消防基本知识,防火、灭火基本技能,自动消防设施的基本维护与操作知识,遵守操作规程,持证上岗。

(4) 保安人员、专职消防队队员、志愿消防队(微型消防站)队员应掌握消防安全知识和灭火的基本技能,定期开展消防训练,火灾时应履行扑救初起火灾和引导人员疏散的义务。

(二) 岗位消防安全责任内容

1. 产权方、使用方、统一管理单位的职责

制定消防安全管理制度和保障消防安全的操作规程;开展消防法律法规和防火安全知识的宣传教育,对从业人员进行消防安全教育和培训;定期开展防火巡查、检查,及时消除火灾隐患;保障疏散走道、通道、安全出口、疏散门和消防车通道的畅通,不被占用、堵塞、封闭;确定各类消防设施的操作维护人员,保证消防设施、器材以及消防安全标志完好有效,并处于正常运行状态;组织扑救初起火灾,疏散人员,维持火场秩序,保护火灾现场,协助火灾调查;制定灭火和应急疏散预案,定期组织消防演练;建立并妥善保管消防档案。

2. 消防安全责任人的职责

贯彻执行消防法律法规,保证人员密集场所符合国家消防技术标准,掌握本场所的消防安全情况,全面负责本场所的消防安全工作;统筹安排本场所的消防安全管理工作;确定逐级消防安全责任,批准并实施消防安全管理制度和保障消防安全的操作规程;组织召开消防安全例会,组织开展防火检查,督促整改火灾隐患,完善消防组织和消防器材装备;组织制定灭火和应急疏散预案,并实施演练。

3. 部门消防安全负责人的职责

组织实施本部门的消防安全管理工作计划;开展岗位消防安全教育与培训,制定消防安全管理制度,落实消防安全措施;实施消防安全巡查和定期检查,确保管辖范围的消防设施完好有效;及时发现和消除火灾隐患;发现火灾,及时报警,并组织人员疏散和初起火灾扑救。

4. 消防控制室值班员的职责

持证上岗，熟悉和掌握消防控制室设备的功能及操作规程，保证消防控制室的设备正常运行；对火警信号，按照规定的消防控制室接警处警程序处置；对故障报警信号应及时确认，并及时查明原因，排除故障，对于不能排除的故障应立即向部门主管人员或消防安全管理人报告；严格执行每日 24 小时专人值班制度，每班不应少于 2 人，做好工作记录。某单位消防控制室专人值班如图 6-3 所示。

图 6-3　某单位消防控制室专人值班

5. 员工的职责

主动接受消防安全宣传教育培训，遵守消防安全管理制度和操作规程；熟悉本工作场所消防设施、器材及安全出口的位置，参加单位灭火和应急疏散预案演练；清楚本单位火灾危险性、会报火警、会扑救初起火灾、会组织疏散逃生和自救；落实日常岗位消防安全检查，发现隐患及时处置并向消防安全工作归口管理部门报告；监督其他人员遵守消防安全管理制度，制止不利于消防安全的行为。

四、消防组织

（1）人员密集场所可根据需要设置消防安全主管部门负责管理本场所的日常消防安全工作。

（2）人员密集场所应根据有关法律法规和实际需要建立专职消防队。

（3）人员密集场所应根据需要建立志愿消防队，志愿消防队队员的数量不应少于本场所从业人员数量的 30%。志愿消防队白天和夜间的值班人数应能保证扑救初起火灾的需要。

（4）属于消防安全重点单位的人员密集场所，应依托志愿消防队建立微型消防站。

五、消防安全制度和管理

（一）基本要求

（1）公众聚集场所投入使用、营业前，应依法向消防救援机构申请消防安全检查，并经消防救援机构许可同意。人员密集场所改建、扩建、装修或改变用途的，应依法报经相关部门审核批准。

(2) 建筑四周不应搭建违章建筑,不应占用防火间距、消防车道、消防车登高操作场地,不应遮挡室外消火栓或消防水泵接合器,不应设置影响逃生、灭火救援或遮挡排烟窗、消防救援口的架空管线、广告牌等障碍物。

(3) 人员密集场所不应擅自改变防火分区,不应擅自停用、改变防火分隔设施和消防设施,不应降低建筑装修材料的燃烧性能等级。建筑的内部装修不应改变疏散门的开启方向,减少安全出口、疏散出口的数量和宽度,增加疏散距离,影响安全疏散。建筑内部装修不应影响消防设施的正常使用。

(4) 人员密集场所应在公共部位的明显位置设置疏散示意图、警示标识等,提示公众对该场所存在的违法行为有投诉、举报的义务。

(二) 消防安全制度和管理的内容

1. 消防安全例会

消防安全例会主要处理涉及消防安全的重大问题,研究、部署、落实本场所的消防安全工作计划和措施。消防安全例会应由消防安全责任人主持,每月不宜少于一次。

2. 防火巡查、检查

人员密集场所应每日进行防火巡查,并结合实际组织开展夜间防火巡查。公众聚集场所在营业期间,应至少每2小时巡查一次。宾馆、医院、养老院及寄宿制的学校、托儿所和幼儿园,应组织每日夜间防火巡查,且应至少每2小时巡查一次。防火巡查、检查中,应及时纠正违法、违章行为,消除火灾隐患;无法消除的,应立即报告,并记录存档。防火巡查表、防火检查记录表分别见表6-1、表6-2。

表 6-1 防火巡查表

巡查人员:

序号	部位	时间	存在问题	备注
1				
2				
3				
4				
5				
6				
7				
8				
9				
10				

注:防火巡查至少包括下列内容:
1. 用火、用电有无违章情况。
2. 安全出口、疏散通道是否畅通,有无锁闭;安全疏散指示标志、应急照明是否完好。
3. 常闭式防火门是否保持常闭状态,防火卷帘下是否堆放物品。
4. 消防设施、器材是否在位、完整、有效;消防安全标志是否完好、清晰。
5. 消防安全重点部位的人员在岗情况。
6. 消防车通道是否畅通。
7. 其他消防安全情况。

表 6-2　防火检查记录表

检查人员：　　　　　　　　　　　　　　　　　　　　　　　　检查时间：

序号	部　位	存　在　问　题	备　注
1			
2			
3			
4			
检查情况			

注：防火检查至少包括下列内容：
1. 消防车通道、消防车登高操作场地、消防水源。
2. 安全疏散通道、疏散走道、楼梯，安全出口及其疏散指示标志、应急照明。
3. 消防安全标志的设置情况。
4. 灭火器材配置及完好情况。
5. 楼板、防火墙和竖井孔洞的封堵情况。
6. 建筑消防设施运行情况。
7. 消防控制室值班情况、消防控制设备运行情况和记录。
8. 用火、用电有无违规违章情况。
9. 消防安全重点部位的管理。
10. 微型消防站设置、值班值守情况，以及人员、装备配置情况。
11. 防火巡查落实情况和记录。
12. 火灾隐患的整改以及防范措施的落实情况。
13. 消防安全重点部位人员以及其他员工消防知识的掌握情况。

3. 火灾隐患整改

人员密集场所应建立火灾隐患整改制度，明确火灾隐患整改责任部门和责任人，整改的程序、时限和所需经费来源，以及保障措施；发现火灾隐患，应立即改正，不能立即改正的应报告上级主管人员；消防安全管理人或部门消防安全责任人应组织对报告的火灾隐患进行认定，并对整改情况进行确认；在火灾隐患整改期间，应采取相应的安全保障措施；对消防救援机构责令限期改正的火灾隐患和重大火灾隐患，应在规定的期限内改正，并将火灾隐患整改情况报送消防救援机构；重大火灾隐患不能按期完成整改的，应自行将危险部位停产、停业整改；对于涉及城市规划布局而不能及时解决的重大火灾隐患，应提出解决方案并及时向上级主管部门或当地人民政府报告。

4. 消防宣传与培训

对公众开放的人员密集场所，应通过张贴图画、发放消防刊物、播放视频、举办消防文化活动等多种形式对公众宣传防火、灭火、应急逃生等常识。人员密集场所应至少每半年组织一次对每名员工的消防培训，对新上岗人员应进行上岗前的消防培训。消防培训应包括下列内容：有关消防法律法规、消防安全管理制度、保障消防安全的操作规程等；本单位、本岗位的火灾危险性和防火措施；建筑消防设施、灭火器材的性能、使用方法和操作规程；报火警、扑救初起火灾、应急疏散和自救逃生的知识、技能；本场所的安全疏散路线，引导人员疏散的程序和方法等；灭火和应急疏散预案的内容、操作程序；其他消防安全宣传教育内容。

【典型案例】

消防培训到位，成功避免群死群伤火灾发生

2006年12月24日，某酒吧发生火灾，火灾发生时酒吧内聚集有400多人。在火灾发生前一个月，当地消防部门在该酒吧开展过公共聚集场所的消防技能培训。火灾发生后，该酒吧立即启动消防设施阻止了火势的蔓延扩大，现场工作人员和保安人员利用学到的消防技能疏散人员，扑救初起火灾。此次火灾过火面积约为41.5平方米，无人员伤亡。

【问题】 如发生此类火灾，现场应如何处置？

【解析】 如发生此类火灾，现场处置方法如下：报火警；要立即组织人员疏散；要启动消防设施；要组织力量扑救初起火灾。

5. 用火、动火安全管理

人员密集场所应建立用火、动火安全管理制度，并应明确用火、动火管理的责任部门和责任人，用火、动火的审批范围、程序和要求等内容。动火审批应经消防安全责任人签字同意方可进行。用火、动火安全管理应符合下列要求：人员密集场所禁止在营业时间进行动火作业；需要动火作业的区域，应与使用、营业区域进行防火分隔，严格将动火作业限制在动火分隔区域内，并加强消防安全现场监管；人员密集场所不应使用明火照明或取暖，如特殊情况需要时，应有专人看护；炉火、烟道等取暖设施与可燃物之间应采取防火隔热措施；宾馆、餐饮场所、医院、学校的厨房烟道应至少每季度清洗一次；进入建筑内以及厨房、锅炉房等部位内的燃油、燃气管道，应经常检查、检测和保养。

6. 消防安全重点部位管理

消防安全重点部位应建立岗位消防安全责任制，并明确消防安全管理的责任部门和责任人。人员集中的厅（室）以及建筑内的消防控制室、消防水泵房、储油间、变（配）电室、锅炉房、厨房、空调机房、资料库、可燃物品仓库和化学实验室等，应确定为消防安全重点部位，在明显位置张贴标识，严格管理。应根据实际需要配备相应的灭火器材、装备和个人防护器材，应制定和完善事故应急处置操作程序，并将消防安全重点部位列入防火巡查范围，作为定期检查的重点。

7. 消防档案

应建立纸质消防档案，并宜同时建立电子消防档案。消防档案应由专人统一管理，按档案管理要求装订成册，通常存放在消防控制室或值班室等，留档备查。消防档案应包括消防安全基本情况、消防安全管理情况、灭火和应急疏散预案演练情况。

（1）消防安全基本情况应包括下列内容：建筑的基本概况和消防安全重点部位；所在建筑消防设计审查、消防验收或消防设计、消防验收备案以及场所投入使用、营业前消防安全检查的相关资料；消防组织和各级消防安全责任人；微型消防站设置及人员、消防装备配备情况；相关租赁合同；消防安全管理制度和保证消防安全的操作规程，灭火和应急疏散预案；消防设施、灭火器材配置情况；专职消防队、志愿消防队人员及其消防装备配备情况；消防安全管理人、自动消防设施操作人员、电气焊工、电工、易燃易爆危险品操作人员的基本情况；新增消防产品质量合格证，新增建筑材料和室内装修、装饰材料的防火性能证明文件。

(2) 消防安全管理情况应包括下列内容：消防安全例会记录或会议纪要、决定；消防救援机构填发的各种法律文书；消防设施定期检查记录、自动消防设施全面检查测试的报告、维修保养的记录以及委托检测和维修保养的合同；火灾隐患、重大火灾隐患及其整改情况记录；消防控制室值班记录；防火检查、巡查记录；有关燃气、电气设备检测、动火审批等记录资料；消防安全培训记录；灭火和应急疏散预案的演练记录；各级和各部门消防安全责任人的消防安全承诺书；火灾情况记录；消防奖惩情况记录。

六、消防安全措施

（1）人员密集场所不应与甲、乙类厂房、仓库组合布置或贴邻布置；除人员密集的生产加工车间外，人员密集场所不应与丙、丁、戊类厂房、仓库组合布置；人员密集的生产加工车间不宜布置在丙、丁、戊类厂房、仓库的上部。

（2）人员密集场所设置在具有多种用途的建筑内时，应至少采用耐火极限不低于 1 小时的楼板和 2 小时的隔墙与其他部位隔开，并应满足各自不同营业时间对安全疏散的要求。人员密集场所采用金属夹芯板材搭建临时构筑物时，其芯材应为 A 级不燃材料。

（3）生产、储存、经营场所与员工集体宿舍设置在同一建筑物中的，应符合国家工程建设消防技术标准和《住宿与生产储存经营合用场所消防安全技术要求》（XF 703—2007）的要求，实行防火分隔，设置独立的疏散通道、安全出口。

（4）设置人员密集场所的建筑，其疏散楼梯宜通至屋面，并宜在屋面设置辅助疏散设施。

（5）建筑面积大于 400 平方米的营业厅、展览厅等场所内的疏散指示标志（图 6-4），应保证其指向最近的疏散出口，并使人员在走道上任何位置保持视觉连续。

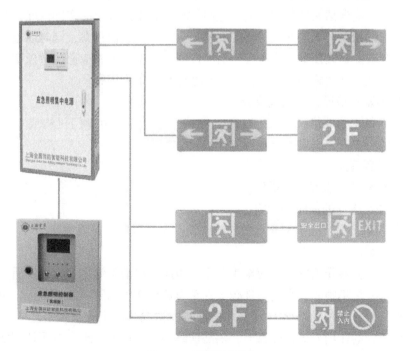

图 6-4 疏散指示标志

（6）除国家标准规定应安装自动喷水灭火系统的人员密集场所之外，其他人员密集场所需要设置自动喷水灭火系统时，可按《自动喷水灭火系统设计规范》（GB 50084—2017）的规定设置自动喷水灭火局部应用系统。

（7）除国家标准规定应安装火灾自动报警系统的人员密集场所之外，其他人员密集场所需要设置火灾自动报警系统时，可设置独立式火灾探测报警器，独立式火灾探测报警器宜具备无线联网和远程监控功能。

（8）需要经常保持开启状态的防火门，应采用常开式防火门，设置自动和手动关闭装置，并保证其火灾时能自动关闭。

（9）人员密集场所平时需要控制人员随意出入的安全出口、疏散门或设置门禁系统的疏散门，应保证火灾时能从内部直接向外推开，并应在门上设置"紧急出口"标识和使用提示。可以根据实际需要选用以下方法或其他等效的方法：设置安全控制与报警逃生门锁系统，其报警延迟时间不应超过15秒；设置能远程控制和现场手动开启的电磁门锁装置；当设置火灾自动报警系统时，应与系统联动；设置推闩式外开门。

（10）人员密集场所内的装饰材料，如窗帘、地毯、家具等的燃烧性能应符合《建筑内部装修设计防火规范》（GB 50222—2017）的规定。

（11）人员密集场所可能泄漏散发可燃气体或蒸气的场所，应设置可燃气体检测报警装置。

（12）人员密集场所内燃油、燃气设备的供油、供气管道应采用金属管道，在进入建筑物前和设备间内的管道上均应设置手动和自动切断装置。

七、灭火和应急疏散预案的编制和演练

（一）预案编制

人员密集场所应根据人员集中、火灾危险性较大和重点部位的实际情况，制订有针对性的灭火和应急疏散预案，并定期组织员工熟悉灭火和应急疏散预案，同时通过演练，逐步修改与完善灭火和应急疏散预案。火灾发生后，应立即启动灭火和应急疏散预案，通知建筑内所有人员立即疏散，并实施初起火灾扑救。预案应包括下列内容。

（1）单位的基本情况，火灾危险分析。

（2）火灾现场通信联络、灭火、疏散、救护、保卫等应由专门机构或专人负责，并明确各职能小组的负责人、组成人员及各自职责。

（3）火警处置程序。

（4）应急疏散的组织程序和措施。

（5）扑救初起火灾的程序和措施。

（6）通信联络、安全防护和人员救护的组织与调度程序、保障措施。

（二）消防演练

宾馆、商场、公共娱乐场所，应至少每半年组织一次消防演练；其他场所，应至少每年组织一次。选择人员集中、火灾危险性较大和重点部位作为消防演练的目标，每次演练应选择不同的重点部位作为消防演练目标，并根据实际情况，确定火灾模拟形式。在消防演练前，应通知场所内的使用人员积极参与；消防演练中，各职能小组应按照计划实施灭火和应急疏散预案；演练结束后，应及时进行总结，并做好记录。

八、火灾事故处置与善后

建筑发生火灾后,应立即启动灭火和应急疏散预案,组织建筑内人员立即疏散,并实施火灾扑救。同时,要保护火灾现场,主动配合接受事故调查。火灾调查结束后,应总结火灾事故教训,及时改进消防安全管理措施。

单元二 《仓储场所消防安全管理通则》解读

一、概述

(一)发布背景

仓储场所(图6-5)具有物资集中、火灾荷载较大等特点,一旦发生火灾,扑救难度大,易造成重大损失,危害公共安全。仓储场所火灾主要有以下几类原因。

1. 人员管理混乱

存在乱搭、乱建、乱堆,擅自改变防火分区、防火间距、"三合一"等现象,没有安排指定人员进行轮岗巡查。

2. 火种控制不严

仓库的管理人员、工作人员不严格执行动火规定,在仓库内违章切割、无证动火、违反规定吸烟等。

3. 电气线路敷设不规范

仓库内电气线路敷设不规范,如线路未穿管保护、私自架设临时线路、乱拉乱接等。

4. 可燃物品较多

仓库中堆放的物资数量多,密度大,可燃物种类多,火灾危险性随之增大。

5. 危险物品、化学品管理不当

仓库内的危险物品、化学品没有分类专库存放。

6. 特种设备使用不当

叉车等特种设备进入库房时未做防静电处理,易因静电产生火花。

图6-5 仓储场所

（二）主要内容与适用范围

《仓储场所消防安全管理通则》（XF 1131—2014）规定了仓储场所消防安全管理的一般要求、消防安全职责、消防安全检查、储存管理、装卸安全管理、用电安全管理、用火安全管理、消防设施和消防器材管理、氨制冷储存场所管理、石油库管理、棉花储存场所管理、粮食储存场所管理等。该标准使仓储场所的消防安全管理工作更加系统化、科学化、规范化，对仓储场所的消防安全管理工作具有普遍指导意义，对消防法规和技术标准是很好的补充。该标准适用于既有仓储场所，不适用于炸药仓库、花炮仓库。

二、总体性要求

（一）消防安全责任

仓储场所应落实逐级消防安全责任制和岗位消防安全责任制，明确逐级和岗位消防安全职责，确定各级、各岗位的消防安全责任人员。

实行承包、租赁或者委托经营、管理的仓储场所，其产权单位应提供该场所符合消防安全要求的相应证明，当事人在订立相关租赁合同时，应明确各方的消防安全责任。

（二）消防组织

储备可燃重要物资的大型仓库、基地和其他仓储场所，应根据消防法规的规定建立专职消防队、义务消防队，开展自防自救工作。

专职消防队的建设应参照《城市消防站建设标准》（建标 152—2017），在当地消防机构的指导下进行。专职消防队队员可由本单位职工或者合同制工人担任，应符合国家规定的条件，并通过有关部门组织的专业培训。

（三）消防安全培训

（1）仓储场所应组织或者协助有关部门对消防安全责任人、消防安全管理人、消防控制室的值班操作人员进行消防安全专门培训。消防控制室的值班操作人员应通过消防行业特有工种职业技能鉴定，持证上岗。

（2）仓储场所在员工上岗、转岗前，应对其进行消防安全培训；对在岗人员至少每半年应进行一次消防安全教育。

（3）属于消防安全重点单位的仓储场所应至少每半年、其他仓储场所应至少每年组织一次消防演练。如图 6-6 所示为某石化单位针对石油库开展消防演练。

图 6-6　某石化单位针对石油库开展消防演练

(四) 消防安全标志

仓储场所应按照《消防安全标志设置要求》（GB 15630—1995）的要求设置消防安全标志，并画线标明库房的墙距、垛距、主要通道、货物固定位置等，同时要设置必要的防火安全标志。

三、消防安全职责及相关要求

(一) 单位消防安全职责

仓储场所应履行以下消防安全职责。

(1) 制定各项消防安全制度和消防安全操作规程，逐级落实消防安全责任制。

(2) 开展消防法律法规和防火安全知识的教育，对员工进行消防安全培训。

(3) 落实建标 152—2017 中有关储存安全、装卸安全、用电安全、用火安全的各项规定。

(4) 保障仓储场所消防通道、安全出口和消防车通道畅通。

(5) 定期组织消防设施和器材的检测、维修，保障完好有效。

(6) 定期开展防火检查、防火巡查，及时消除火灾隐患。

(7) 制定灭火和应急疏散预案，定期组织消防演练。

(8) 发生火灾及时报警，并组织扑救初起火灾；保护火灾现场，协助火灾调查。

(9) 属于消防安全重点单位的，应建立消防档案。

(二) 消防安全责任人的职责

仓储场所的法定代表人或主要负责人是该场所的消防安全责任人，应全面负责场所的消防安全工作。仓储场所消防安全责任人应履行以下职责。

(1) 贯彻执行消防法律法规，掌握场所的消防安全情况，确保仓储场所消防安全符合规定。

(2) 统筹安排消防安全管理工作，批准实施年度消防安全工作计划，定期报告消防安全工作情况。

(3) 为消防安全管理提供必要的经费和组织保障。

(4) 组织防火检查，督促整改火灾隐患，及时处理涉及消防安全的重大问题。

(5) 建立专职消防队或义务消防队，并配备相应的消防器材和装备。

(6) 针对本仓储场所的实际情况组织制定灭火和应急疏散预案。

(三) 消防安全管理人的职责

仓储场所消防安全责任人可确定一名专职或兼职的消防安全管理人，负责日常消防安全管理工作。仓储场所消防安全管理人应掌握场所内设置的各类消防系统的基本情况，并履行以下职责。

(1) 拟订年度消防安全工作计划，组织实施日常消防安全管理工作。

(2) 组织学习和贯彻消防法律法规，完成上级部署的消防安全工作。

(3) 组织制定消防安全制度和消防安全操作规程，落实逐级防火责任制和岗位防火责任制。

(4) 组织实施对场所内消防设施、灭火器材和消防安全标志的维护保养，确保其完好有效，并保障消防通道、安全出口和消防车通道畅通。

(5) 组织开展防火检查，消除火险隐患。
(6) 组织专职或义务消防队开展业务训练，组织员工开展消防知识、技能的教育和培训。
(7) 组织灭火和应急疏散预案的实施和消防演练。
(8) 定期向消防安全责任人报告消防安全情况，及时报告涉及消防安全的重大问题。
(9) 定期总结消防安全工作，建议实施奖惩。

非消防安全重点单位未确定专职或兼职的消防安全管理人的，日常消防安全管理工作由消防安全责任人负责。

(四) 仓储场所保管员的职责

仓储场所保管员应具备以下消防安全技能，做好本岗位的防火工作。
(1) 熟悉储存物品的分类、性质和消防安全知识。
(2) 掌握防火安全制度。
(3) 掌握消防器材的操作使用和维护保养方法。
(4) 掌握初起火灾的扑救方法和程序。

四、仓储消防安全检查内容

(一) 防火检查

仓储场所每月应至少组织一次防火检查，各部门（班组）每周应至少开展一次防火检查。防火检查应包括以下内容。
(1) 各项消防安全制度和消防安全操作规程的执行和落实情况。
(2) 防火巡查、火灾隐患整改措施落实情况。
(3) 安全员消防知识掌握情况。
(4) 室内仓储场所是否设置办公室、员工宿舍。
(5) 物品入库前是否经专人检查。
(6) 储存物品是否分类、分组和分堆（垛）存放，防火间距是否满足要求，是否存放影响消防安全的物品等。
(7) 火源、电源管理情况，用火、用电有无违章。
(8) 消防通道、安全出口、消防车通道是否畅通，是否有明显的安全标志。
(9) 消防水源情况，灭火器材配置及完好情况，消防设施有无损坏、停用、埋压、遮挡、圈占等影响使用情况。
(10) 其他需要检查的内容。

(二) 防火巡查

属于消防安全重点单位的仓储场所应确定防火巡查人员，每日应进行防火巡查，可利用场所视频监控等设备辅助开展防火巡查。防火巡查应包括以下内容。
(1) 用火、用电有无违章。
(2) 有无吸烟和遗留火种现象。
(3) 进入库区的车辆有无违章。
(4) 装卸作业有无违章。
(5) 消防通道、安全出口、消防车通道是否畅通。

(6) 消火栓、灭火器、消防安全标志等设施、器材是否完好。
(7) 重点部位人员在岗在位情况。
(8) 门窗封闭、完好情况。
(9) 其他需要检查的内容。

如图 6-7 所示为某消防安全重点单位的仓储场所防火巡查人员在进行每日防火检查、巡查。

图 6-7 防火检查、巡查

（三）火灾隐患整改

仓储场所对在防火检查、防火巡查以及消防救援机构消防监督检查中发现的火灾隐患，应及时进行整改消除。仓储场所的火灾隐患整改应符合以下要求。

（1）发现火灾隐患应立即改正，不能立即改正的，应报告上级主管人员。

（2）消防安全责任人或消防安全管理人应组织对报告的火灾隐患进行认定，并对整改完毕的进行确认。

（3）明确火灾隐患整改责任部门、责任人，以及整改的期限和所需经费来源。

（4）在火灾隐患整改期间，应采取相应防范措施，保障消防安全。

（5）在火灾隐患未消除前，不能确保消防安全，随时可能引发火灾的，应将危险部位停产停业整改。

（6）对消防救援机构责令改正的火灾隐患或消防安全违法行为，应在规定的期限内改正，并将火灾隐患整改情况函复消防救援机构。

（7）对涉及城乡规划布局、不能自身解决的重大火灾隐患，应提出解决方案并及时向主管部门或当地人民政府报告。

（四）消防档案

属于消防安全重点单位的仓储场所应依法建立纸质消防档案，并应同时建立电子消防档案。消防档案内容应详实，应全面反映消防安全工作情况，并附有必要的图纸、图表。消防档案应由专人统一管理，按档案管理要求装订成册。消防档案的内容应包括消防安全基本情况和消防安全管理情况。

1. 消防安全基本情况

仓储场所消防安全基本情况应包括以下内容。

（1）场所基本概况和消防安全重点部位情况。

（2）场所消防设计审核、消防验收或备案的许可文件和相关资料。

（3）消防组织和逐级消防安全责任人员。
（4）消防安全制度和消防安全操作规程。
（5）消防设施和消防器材的配置情况。
（6）专职（义务）消防队人员及装备配备情况。
（7）消防安全管理人、自动消防系统操作人员、电（气）焊工、电工、易燃易爆化学物品作业人员的基本情况。
（8）消防产品、防火材料的合格证明文件。

2. 消防安全管理情况

仓储场所消防安全管理情况应包括以下内容。
（1）消防安全例会纪要或决定。
（2）消防救援机构的各种法律文书。
（3）消防设施定期检查记录、测试报告以及维修保养记录。
（4）火灾隐患、重大火灾隐患及其整改情况记录。
（5）防火检查、巡查记录。
（6）有关电气设备检测、防雷装置检测等记录资料。
（7）消防安全培训记录。
（8）灭火和应急疏散预案及消防演练记录。
（9）火灾情况记录。
（10）消防奖惩情况记录。

五、消防安全管理

（一）储存管理

（1）根据《建筑设计防火规范》（GB 50016—2014）的规定，仓储场所按储存物品的火灾危险性分为甲、乙、丙、丁、戊5类。
（2）仓储场所内不应搭建临时性的建筑物或构筑物；因装卸作业等确需搭建时，应经消防安全责任人或消防安全管理人审批同意，并明确防火责任人，落实临时防火措施，作业结束后应立即拆除。
（3）室内储存场所不应设置员工宿舍。甲、乙类物品的室内储存场所内不应设办公室。其他室内储存场所确需设办公室时，其耐火等级应为一级、二级，且门、窗应直通库外。
（4）甲、乙、丙类物品的室内储存场所的库房布局、储存类别及核定的最大储存量不应擅自改变。如需改建、扩建或变更使用用途的，应依法向当地消防救援机构办理建设工程消防设计审核、验收或备案手续。
（5）物品入库前应有专人负责检查，确认无火种等隐患后，方准入库。
（6）库房储存物资应严格按照设计单位划定的堆装区域线和核定的存放量储存。
（7）库房内储存物品应分类、分堆、限额存放。每个堆垛的面积不应大于150平方米。库房内主通道的宽度不应小于2米。
（8）库房内堆放物品应满足下列要求：堆垛上部与楼板、平屋顶之间的距离不小于0.3米（人字屋架从横梁算起）；物品与照明灯之间的距离不小于0.5米；物品与墙之间的距离不小于 0.5 米；物品堆垛与柱之间的距离不小于 0.3 米；物品堆垛与堆垛之间的距离不小于 1 米。

（9）库房内需要设置货架堆放物品时，货架应采用非燃烧材料制作。货架不应遮挡消火栓、自动喷淋系统喷头以及排烟口。

（10）甲、乙类物品的储存除执行《危险化学品仓库储存通则》（GB 15603—2022）的要求外，还应满足以下要求。

1）甲、乙类物品和一般物品以及容易相互发生化学反应或灭火方法不同的物品，应分间、分库储存，并在醒目处悬挂安全警示牌标明储存物品的名称、性质和灭火方法。

2）甲、乙类桶装液体，不应露天存放；必须露天存放时，在炎热季节应采取隔热、降温措施。

3）甲、乙类物品的包装容器应牢固、密封，发现破损、残缺、变形和物品变质、分解等情况时，应及时进行安全处理，防止跑、冒、滴、漏。

4）易自燃或遇水分解的物品应在温度较低、通风良好和空气干燥的场所储存，并安装专用仪器定时检测，严格控制湿度与温度。

（11）室外储存物品应分类、分组和分堆（垛）储存。堆垛与堆垛之间的防火间距不应小于 4 米；组与组之间的防火间距不应小于堆垛高度的 2 倍，且不应小于 10 米。室外储存场所的总储量以及与其他建筑物、铁路、道路、架空电力线的防火间距应符合《建筑设计防火规范》（GB 50016—2014）的规定。室外储存区不应堆积可燃性杂物，并应控制植被、杂草生长，定期清理。

（12）将室内储存物品转至室外临时储存时，应采取相应的防火措施，并尽快转为室内储存。

（13）物品质量不应超过楼地面的安全载荷，当储存吸水性物品时，应考虑灭火时可能吸收的水的质量。

（14）储存物品与风管、供暖管道、散热器的距离不应小于 0.5 米，与供暖机组、风管炉、烟道之间的距离在各个方向上都不应小于 1 米。

（15）使用过的油棉纱、油手套等沾油纤维物品以及可燃包装材料应存放在指定的安全地点，并定期处理。

（二）装卸安全管理

（1）进入仓储场所的机动车辆应符合国家规定的消防安全要求，并应经消防安全责任人或消防安全管理人批准。

（2）进入易燃、可燃物资储存场所的蒸汽机车和内燃机车应设置防火罩。蒸汽机车应关闭风箱和送风器，并不应在库区内清炉。

（3）汽车、拖拉机不应进入甲、乙、丙类物品的室内储存场所。进入甲、乙类物品室内储存场所的电瓶车、铲车应为防爆型；进入丙类物品室内储存场所的电瓶车、铲车和其他能产生火花的装卸设备应安装防止火花溅出的安全装置。

（4）储存危险物品和易燃物资的室内储存场所，设有吊装机械设备的金属钩爪及其他操作工具的，应采用不易产生火花的金属材料制造，防止摩擦、撞击产生火花。

（5）车辆加油或充电应在指定的安全区域进行，该区域应与物品储存区和操作间隔开；使用液化石油气、天然气的车辆应在仓储场所外的地点加气。

(6) 甲、乙类物品在装卸过程中，应防止振动、撞击、重压、摩擦和倒置。操作人员应穿戴防静电的工作服、鞋帽，不应使用易产生火花的工具，对能产生静电的装卸设备应采取静电消除措施。

(7) 装卸作业结束后，应对仓储场所、室内储存场所进行防火安全检查，确认安全后，作业人员方可离开。

(8) 各种机动车辆装卸物品后，不应在仓储场所内停放和修理。

（三）用电安全管理

(1) 甲、乙类物品室内储存场所和丙类液体室内储存场所的电气装置，应符合《爆炸危险环境电力装置设计规范》（GB 50058—2014）的规定。

(2) 丙类固体物品的室内储存场所，不应使用碘钨灯和60瓦以上的白炽灯等高温照明灯具。当使用日光灯等低温照明灯具和其他防燃型照明灯具时，应对镇流器采取隔热、散热等防火保护措施，以确保安全。

(3) 仓储场所的电器设备应与可燃物保持不小于0.5米的防火间距，架空线路的下方不应堆放物品。

(4) 仓储场所的电动传送设备、装卸设备、机械升降设备等的易摩擦生热部位应采取隔热、散热等防护措施。对提升、码垛等机械设备易产生火花的部位，应设置防护罩。

(5) 仓储场所的每个库房应在库房外单独安装电气开关箱，保管人员离库时，应切断场所的非必要电源。

(6) 室内储存场所内敷设的配电线路，应穿金属管或难燃硬塑料管保护。不应随意乱接电线，擅自增加用电设备。

(7) 室内储存场所内不应使用电炉、电烙铁、电熨斗、电热水器等电热器具和电视机、电冰箱等家用电器。

(8) 仓储场所的电气设备应由具有职业资格证书的电工进行安装、检查和维修保养。电工应严格遵守各项电气操作规程。

(9) 仓储场所的电气设备应设专人管理，由持证的电工进行安装和维修。发现漏电、老化、绝缘不良、接头松动、电线互相缠绕等可能引起打火、短路、发热时，应立即停止使用，并及时修理或更换。禁止带电移动电气设备或接线、检修。

(10) 仓储场所的电气线路、电气设备应定期检查、检测，禁止长时间超负荷运行。

(11) 仓储场所应按照《建筑物防雷设计规范》（GB 50057—2010）设置防雷与接地系统，并应每年检测一次，其中甲、乙类仓储场所的防雷装置应每半年检测一次，并应取得专业部门测试合格证书。

（四）用火安全管理

(1) 进入甲、乙类仓储场所的人员应登记，禁止携带火种及易燃易爆危险品。

(2) 仓储场所内应禁止吸烟，并在醒目处设置"禁止吸烟"的标志。

(3) 仓储场所内不应使用明火，并应设置醒目的禁止标志。因施工确需明火作业时，应按用火管理制度办理动火证，由具有相应资格的专门人员进行动火操作，并设专人和灭火器材进行现场监护；动火作业结束后，应检查并确认无遗留火种。动火证应注明动火地点、时间，以及动火人、现场监护人、批准人和防火措施等内容。

(4) 室内储存场所禁止安放和使用火炉、火盆、电暖器等取暖设备。

（5）仓储场所内的焊接、切割作业应在指定区域进行，并应在工作区域内配备 2 具灭火级别不小于 3A 的灭火器；有自动消防设施的，应确保自动消防设施处于正常状态；工作区周边 8 米以内不应存放物品，且应采用防火幕布、金属板等与相邻可燃物隔开；若焊接、烘烤的部位紧邻或穿越墙体、吊顶等建筑分隔结构，应在分隔结构的另一侧采取相应的防火措施；作业期间应有专人值守，作业完成 30 分钟后值守人员方可离开。

（6）仓储场所内部和距离场所围墙 50 米范围内禁止燃放烟花爆竹，距围墙 100 米范围内禁止燃放《烟花爆竹危险等级分类方法》（GB/T 21243—2007）规定的 A 级、B 级烟花爆竹。仓储场所应在围墙上醒目处设置相应禁止标志。

【典型案例】

违章动火引发群死群伤火灾

2022 年 11 月 21 日，某商贸有限公司发生特别重大火灾事故，造成 42 人死亡、2 人受伤，直接经济损失 12311 万元，火灾现场情况如图 6-8 所示。火灾直接原因是公司负责人在一层仓库内违法违规进行电焊作业，高温焊渣引燃包装纸箱，纸箱内的瓶装聚氨酯泡沫填缝剂受热爆炸起火，进而使大量自喷漆、除锈剂、卡式炉用瓶装丁烷、手套、橡胶制品等易燃物相继燃烧，并产生大量高温有毒浓烟。

图 6-8　某商贸有限公司火灾现场情况

【问题】　如何加强动火作业现场消防安全管理？

【解析】　（1）逐级落实安全责任制。应加强施工场所的安全管理，明确安全责任和安全管理人员，加强对进场施工操作人员的审查，在安全措施上严格把好关。

（2）营业场所严禁焊接作业。正在营业、使用的人员密集场所，禁止进行电焊、气焊、气割、砂轮切割、涂装等具有火灾危险的施工、维修作业。

（3）作业人员必须持证上岗。施工单位必须使用经国家正式培训且考试合格的动火操作人员，并且焊接的作业项目要与其取得的特殊工种操作证中具备的资格相符。

（4）作业前应清理可燃物。作业前，应把周围的可燃物移至安全地点，如无法移动，可用不燃材料盖封。

（5）作业时配备灭火器材。进行现场焊接、切割、烘烤或加热等动火作业时，应配备灭火器材，并应设置动火监护人。

（6）作业结束彻底消除火种。施工作业结束后要立即消除火种，彻底清理工作现场，并进行一段时间的监护，没有问题后再离开现场，做到不留隐患。

（五）消防设施和消防器材管理

（1）仓储场所应按照《建筑设计防火规范》（GB 50016—2014）和《建筑灭火器配置设计规范》（GB 50140—2005）设置消防设施和消防器材。

（2）仓储场所应按照《建筑消防设施的维护管理》（GB 25201—2010）的有关规定，明确消防设施的维护管理部门、管理人员及其工作职责，建立消防设施值班、巡查、检测、维修、保养、建档等制度，确保消防设施正常运行。

（3）仓储场所禁止擅自关停消防设施。值班、巡查、检测时发现故障，应及时组织修复。因故障维修等原因需要暂时停用消防系统的，应有确保消防安全的有效措施，并经消防安全责任人或消防安全管理人批准。

（4）仓储场所设置的消防通道、安全出口、消防车通道，应设置明显标志并保持通畅，不应堆放物品或设置障碍物。

（5）仓储场所应有充足的消防水源。利用天然水源作为消防水源时，应确保枯水期的消防用水。对吸水口、吸水管等取水设备应采取防止杂物堵塞的措施。

（6）仓储场所应设置明显标志划定各类消防设施所在的区域，禁止圈占、埋压、挪用和关闭，并应保证该类设施有正常的操作和检修空间。

（7）仓储场所设置的消火栓应有明显标志。室内消火栓箱不应上锁，箱内设备应齐全、完好。距室外消火栓、水泵接合器 2 米范围内不应设置影响其正常使用的障碍物。

（8）寒冷地区的仓储场所，冬季时应对消防水源、室内消火栓、室外消火栓等设施采取相应的防冻措施。

（9）仓储场所设置的灭火器不应设置在潮湿或强腐蚀的地点；确需设置时，应有相应的保护措施。灭火器设置在室外时，应有相应的保护措施。

（10）设有消防控制室的甲、乙、丙类物品国家储备库、专业性仓库以及其他大型物资仓库，宜接入城市消防远程监控系统。

单元三 《重大火灾隐患判定方法》解读

一、概述

（一）重大火灾隐患的定义

重大火灾隐患是指违反消防法律法规、不符合消防技术标准，可能导致火灾发生或火灾危害增大，并由此可能造成重大、特别重大火灾事故或严重社会影响的各类潜在不安全因素。

重要场所是指发生火灾可能造成重大社会、政治影响和经济损失的场所，如国家机关，城市供水、供电、供气和供暖的调度中心，广播、电视、邮政和电信建筑，大中型发电厂（站）、110千伏及以上的变（配）电站，省级及以上博物馆、档案馆及国家文物保护单位，重要科研单位中的关键建筑设施，城市地铁与重要的城市交通隧道等。某重要场所由于存在重大火灾隐患未及时消除，最终发生火灾，如图6-9所示。

图6-9　火灾现场

(二) 出台背景及适用范围

及时发现和消除重大火灾隐患，对于预防和减少火灾发生、保障社会经济发展和人民群众生命财产安全、维护社会稳定具有重要意义。《重大火灾隐患判定方法》（GB 35181—2017）的制定和发布，为公民、法人、其他组织和消防救援机构提供了判定重大火灾隐患的方法，也可为消防安全评估提供技术依据。

2017年12月29日，中华人民共和国国家质量监督检验检疫总局、中国国家标准化管理委员会联合发布《重大火灾隐患判定方法》（GB 35181—2017），自2018年7月1日起实施。该标准规定了重大火灾隐患的术语和定义、判定原则和程序、判定方法、直接判定要素和综合判定要素。该标准是依据消防法律法规和国家工程建设消防技术标准，在广泛调查研究、总结实践经验、参考借鉴国内外有关资料，并充分征求意见的基础上制定的，是判定重大火灾隐患的依据。

《重大火灾隐患判定方法》（GB 35181—2017）适用于城乡消防安全布局、公共消防设施、在用工业与民用建筑（包括人民防空工程）及相关场所因违反消防法律法规、不符合消防技术标准而形成的重大火灾隐患的判定。

二、判定原则和判定程序

(一) 判定原则

重大火灾隐患判定应坚持"科学严谨、实事求是、客观公正"的原则。

(二) 判定程序

重大火灾隐患判定应采用现场检查、集体讨论、专家技术论证的程序。

(1) 现场检查：组织进行现场检查，核实火灾隐患的具体情况，并获取相关影像和文字资料。

（2）集体讨论：组织对火灾隐患进行集体讨论，做出结论性判定意见，参与人数不应少于3人。

（3）专家技术论证：对于涉及复杂疑难的技术问题，按照《重大火灾隐患判定方法》（GB 35181—2017）判定重大火灾隐患有困难的，应组织专家成立专家组进行技术论证，形成结论性判定意见。结论性判定意见应有三分之二以上的专家同意。

技术论证专家组应由当地政府有关行业主管部门、监督管理部门和相关消防技术专家组成，人数不应少于7人。

进行集体讨论或专家技术论证时，可以听取业主和管理单位、使用单位等利害关系人的意见。

三、判定方法

重大火灾隐患判定应根据实际情况选择直接判定方法或综合判定方法。直接判定要素和综合判定要素均为不能立即改正的火灾隐患要素。

下列情形不应判定为重大火灾隐患：依法进行了消防设计专家评审，并已采取相应技术措施的；单位、场所已停产停业或停止使用的；不足以导致重大、特别重大火灾事故或严重社会影响的。

（一）直接判定方法

符合下列任意一条直接判定要素的，应直接判定为重大火灾隐患。

（1）生产、储存和装卸易燃易爆危险品的工厂、仓库和专用车站、码头、储罐区，未设置在城市的边缘或相对独立的安全地带。

（2）生产、储存、经营易燃易爆危险品的场所与人员密集场所、居住场所设置在同一建筑物内，或与人员密集场所、居住场所的防火间距小于国家工程建设消防技术标准规定值的75%。

（3）城市建成区内的加油站、天然气或液化石油气加气站、加油加气合建站的储量达到或超过《汽车加油加气加氢站技术标准》（GB 50156—2021）对一级站的规定。

（4）甲、乙类生产场所和仓库设置在建筑的地下室或半地下室。

（5）公共娱乐场所、商店、地下人员密集场所的安全出口数量不足或其总净宽度小于国家工程建设消防技术标准规定值的80%。

（6）旅馆、公共娱乐场所、商店、地下人员密集场所未按国家工程建设消防技术标准的规定设置自动喷水灭火系统或火灾自动报警系统。

（7）易燃可燃液体、可燃气体储罐（区）未按国家工程建设消防技术标准的规定设置固定灭火、冷却、可燃气体浓度报警、火灾报警设施。

（8）在人员密集场所违反消防安全规定使用、储存或销售易燃易爆危险品。

（9）托儿所、幼儿园的儿童用房以及老年人活动场所，所在楼层位置不符合国家工程建设消防技术标准的规定。

（10）人员密集场所的居住场所采用彩钢夹芯板搭建，且彩钢夹芯板芯材的燃烧性能等级低于《建筑材料及制品燃烧性能分级》（GB 8624—2012）规定的A级。

【典型案例】

使用违规装修材料，造成特别重大火灾事故

2015 年 5 月 25 日，某老年公寓发生特别重大火灾事故（图 6-10），造成 39 人死亡、6 人受伤，过火面积 745.8 平方米，直接经济损失 2064.5 万元。

图 6-10 老年公寓重大火灾后现场

事故原因：老年公寓不能自理区西北角房间的西墙及其对应的吊顶内，给电视机供电的电器线路因接触不良发热，产生的高温引燃周围的电线绝缘层、聚苯乙烯泡沫、吊顶木龙骨等易燃可燃材料，造成火灾。

造成火势迅速蔓延和重大人员伤亡的主要原因是建筑物大量使用聚苯乙烯夹芯彩钢板（聚苯乙烯夹芯材料燃烧产生的滴落物具有引燃性），且吊顶空间整体贯通，使火势迅速蔓延并猛烈燃烧，导致整体建筑在短时间内垮塌损毁；不能自理区老人无自主活动能力，无法及时自救从而造成重大人员伤亡。

【问题】 该案例中的老年公寓，能否判定为重大火灾隐患单位？判定依据是什么？

【解析】 该案例中的老年公寓可以判定为重大火灾隐患单位。判定依据是《重大火灾隐患判定方法》（GB 35181—2017）第 6.10 条："人员密集场所的居住场所采用彩钢夹芯板搭建，且彩钢夹芯板芯材的燃烧性能等级低于《建筑材料及制品燃烧性能分级》（GB 8624—2012）规定的 A 级"。

（二）综合判定方法

对于不适用直接判定方法的重大火灾隐患，应按规定采用综合判定方法进行判定。采用综合判定方法判定重大火灾隐患时，应按下列步骤进行。

（1）确定建筑或场所类别。

（2）确定该建筑或场所是否存在规定的综合判定要素的情形和数量。

（3）按规定的原则和程序，对照不同场所规定的综合判定要素进行重大火灾隐患综合判定。

（4）排除不应判定为重大火灾隐患的情形。

（三）综合判定要素

综合判定要素，从总平面布置、防火分隔、安全疏散设施及灭火救援条件、消防给水及

灭火设施、防烟排烟设施、消防供电、火灾自动报警系统、消防安全管理和其他方面列举了相对重要的判定要素，通过判定规则的数量级表达，实现了不同要素在不同类型场所的权重分配。通过这样一种模式，归纳了不同类型场所所表现出的共性元素，合理解决了完全按场所类型列举判定要素带来的内容过于复杂、采用现行国家消防技术规范数据过多、不便于操作等问题。

1. 总平面布置

（1）未按国家工程建设消防技术标准的规定或城市消防规划的要求设置消防车道或消防车道被堵塞、占用。

（2）建筑之间的既有防火间距被占用或小于国家工程建设消防技术标准规定值的80%，明火和散发火花地点与易燃易爆生产厂房、装置设备之间的防火间距小于国家工程建设消防技术标准的规定值。

（3）在厂房、库房、商场中设置员工宿舍，或是在居住等民用建筑中从事生产、储存、经营等活动，且不符合《住宿与生产储存经营合用场所消防安全技术要求》（XF 703—2007）的规定。

（4）地下车站的站厅乘客疏散区、站台及疏散通道内设置商业经营活动场所。

2. 防火分隔

（1）原有防火分区被改变并导致实际防火分区的建筑面积大于国家工程建设消防技术标准规定值的50%。

（2）防火门、防火卷帘等防火分隔设施损坏的数量大于该防火分区相应防火分隔设施总数的50%。

（3）丙、丁、戊类厂房内有火灾或爆炸危险的部位未采取防火分隔等防火防爆技术措施。

3. 安全疏散设施及灭火救援条件

（1）建筑内的避难走道、避难间、避难层的设置不符合国家工程建设消防技术标准的规定，或避难走道、避难间、避难层被占用。

（2）人员密集场所内疏散楼梯间的设置形式不符合国家工程建设消防技术标准的规定。

（3）除公共娱乐场所、商店、地下人员密集场所外的其他场所或建筑物的安全出口数量或宽度不符合国家工程建设消防技术标准的规定，或既有安全出口被封堵，如图6-11所示。

图6-11 消防车通道、安全出口被堵塞、占用

（4）按国家工程建设消防技术标准的规定，建筑物应设置独立的安全出口或疏散楼梯而未设置。

（5）商店营业厅内的疏散距离大于国家工程建设消防技术标准规定值的125%。

（6）高层建筑和地下建筑未按国家工程建设消防技术标准的规定设置疏散指示标志、应急照明，或所设置设施的损坏率大于标准规定要求设置数量的30%；其他建筑未按国家工程建设消防技术标准的规定设置疏散指示标志、应急照明，或所设置设施的损坏率大于标准规定要求设置数量的50%。

（7）设有人员密集场所的高层建筑的封闭楼梯间或防烟楼梯间的门的损坏率超过其设置总数的20%，其他建筑的封闭楼梯间或防烟楼梯间的门的损坏率超过其设置总数的50%。

（8）人员密集场所内疏散走道、疏散楼梯间、前室的室内装修材料的燃烧性能不符合《建筑内部装修设计防火规范》（GB 50222—2017）的规定。

（9）人员密集场所的疏散走道、楼梯间、疏散门或安全出口设置栅栏、卷帘门。

（10）人员密集场所的外窗被封堵或被广告牌等遮挡。

（11）高层建筑的消防车道、救援场地设置不符合要求或被占用，影响火灾扑救。

（12）消防电梯无法正常运行。

4. 消防给水及灭火设施

（1）未按国家工程建设消防技术标准的规定设置消防水源、储存泡沫液等灭火剂。

（2）未按国家工程建设消防技术标准的规定设置室外消防给水系统，或已设置但不符合标准的规定或不能正常使用。

（3）未按国家工程建设消防技术标准的规定设置室内消火栓系统，或已设置但不符合标准的规定或不能正常使用。

（4）除旅馆、公共娱乐场所、商店、地下人员密集场所外，其他场所未按国家工程建设消防技术标准的规定设置自动喷水灭火系统。

（5）未按国家工程建设消防技术标准的规定设置除自动喷水灭火系统以外的其他固定灭火设施。

（6）已设置的自动喷水灭火系统或其他固定灭火设施不能正常使用或运行。

5. 防烟排烟设施

人员密集场所、高层建筑和地下建筑未按国家工程建设消防技术标准的规定设置防烟排烟设施，或已设置但不能正常使用或运行。

6. 消防供电

（1）消防用电设备的供电负荷级别不符合国家工程建设消防技术标准的规定。

（2）消防用电设备未按国家工程建设消防技术标准的规定采用专用的供电回路。

（3）未按国家工程建设消防技术标准的规定设置消防用电设备末端自动切换装置，或已设置但不符合标准的规定或不能正常自动切换。

7. 火灾自动报警系统

（1）除旅馆、公共娱乐场所、商店、其他地下人员密集场所以外的其他场所未按国家工程建设消防技术标准的规定设置火灾自动报警系统。

（2）火灾自动报警系统不能正常运行。

（3）防烟排烟系统、消防水泵以及其他自动消防设施不能正常联动控制。

8. 消防安全管理

（1）社会单位未按消防法律法规要求设置专职消防队。根据《消防法》等法律法规，下列企业应当按照规定建立专职消防队，配置相应的人员、装备、训练和站舍等设施：核电厂等大型核设施营运单位；大型火力、水力、新能源等发电厂；民用机场；主要港口内符合建队条件的大型港口企业；生产、储存易燃易爆化学危险品的大型企业；储备易燃、可燃重要物资的大型仓库、基地；酒类、钢铁冶金、烟草等企业。

上述企业以外的火灾危险性较大、距离国家综合性消防救援队或政府专职消防队较远的其他大型企业，应当按照国家和地方有关规定及行业、系统的有关标准，建立专职消防队。

大型企业是指超过《关于印发中小企业划型标准规定的通知》（工信部联企业〔2011〕300号）规定的中型企业上限的企业；距离国家综合性消防救援队或政府专职消防队较远是指按照《城市消防站建设标准》（建标152—2017），国家综合性消防救援队、政府专职消防队接到出动指令后到达该企业的时间超过5分钟。

（2）消防控制室操作人员未按《消防控制室通用技术要求》（GB 25506—2010）的规定持证上岗。

9. 其他

（1）生产、储存场所的建筑耐火等级与其生产、储存物品的火灾危险性类别不相匹配，违反国家工程建设消防技术标准的规定。

（2）生产、储存、装卸和经营易燃易爆危险品的场所或有粉尘爆炸危险场所未按规定设置防爆电气设备和泄压设施，或防爆电气设备和泄压设施失效。

（3）违反国家工程建设消防技术标准的规定使用燃油、燃气设备，或燃油、燃气管道敷设和紧急切断装置不符合标准规定。

（4）违反国家工程建设消防技术标准的规定在可燃材料或可燃构件上直接敷设电气线路或安装电气设备，或采用不符合标准规定的消防配电线缆和其他供（配）电线缆。

（5）违反国家工程建设消防技术标准的规定在人员密集场所使用易燃、可燃材料装修、装饰。

（四）重大火灾隐患综合判定标准

（1）人员密集场所存在综合判定要素"3. 安全疏散设施及灭火救援条件"第（1）款至第（9）款、综合判定要素"5. 防烟排烟设施"、综合判定要素"9. 其他"第（3）款中的3条以上（含本数，下同）。

（2）易燃易爆危险品场所存在综合判定要素"1. 总平面布置"第（1）款~第（3）款、综合判定要素"4. 消防给水及灭火设施"第（5）款和第（6）款中的3条以上。

（3）人员密集场所、易燃易爆危险品场所、重要场所存在4条以上综合判定要素。

（4）其他场所存在6条以上综合判定要素。

【典型案例】

某物流公司，园区内共有6栋单层物流仓库，建筑结构为钢混结构，总建筑面积约27000平方米。主要有以下火灾隐患。

（1）消防车通道被占用。

（2）仓库内未按国家工程建设消防技术标准的规定设置自动喷水灭火系统。

(3) 仓库内的室内消火栓系统不能正常使用。
(4) 仓库内违反国家工程建设消防技术标准的规定在可燃材料上直接敷设电气线路。
(5) 仓库与仓库之间的既有防火间距被占用。
(6) 仓库实际防火分区的建筑面积大于国家工程建设消防技术标准规定值的50%。

【问题】 该公司能否判定为重大火灾隐患单位？判定依据是什么？

【解析】 该公司存在6项火灾隐患，按照《重大火灾隐患判定方法》（GB 35181—2017），判定为重大火灾隐患单位。具体判定依据参考表6-3。

表6-3 重大火灾隐患判定情况

存在火灾隐患	判定方法	判定依据（条文号）
消防车通道被占用	综合判定	《重大火灾隐患判定方法》（GB 35181—2017）第7.1.1条
仓库与仓库之间的既有防火间距被占用	综合判定	《重大火灾隐患判定方法》（GB 35181—2017）第7.1.2条
仓库实际防火分区的建筑面积大于国家工程建设消防技术标准规定值的50%	综合判定	《重大火灾隐患判定方法》（GB 35181—2017）第7.2.1条
仓库内的室内消火栓系统不能正常使用	综合判定	《重大火灾隐患判定方法》（GB 35181—2017）第7.4.3条
仓库内未按国家工程建设消防技术标准的规定设置自动喷水灭火系统	综合判定	《重大火灾隐患判定方法》（GB 35181—2017）第7.4.4条
仓库内违反国家工程建设消防技术标准的规定在可燃材料上直接敷设电气线路	综合判定	《重大火灾隐患判定方法》（GB 35181—2017）第7.9.4条

四、火灾隐患整改

（1）对不能当场改正的火灾隐患，消防工作归口管理职能部门或者专（兼）职消防管理人员应当根据本单位的管理分工，及时将存在的火灾隐患向单位的消防安全管理人或者消防安全责任人报告，提出整改方案。消防安全管理人或者消防安全责任人应当确定整改的措施、期限以及负责整改的部门、人员，并落实整改资金。

（2）在火灾隐患消除之前，单位应当落实防范措施，保障消防安全。不能确保消防安全，随时可能引发火灾或者一旦发生火灾将严重危及人身安全的，应当将危险部位停产停业整改。

（3）火灾隐患整改完毕，负责整改的部门或者人员应当将整改情况记录报送消防安全责任人或者消防安全管理人签字确认后存档备查。

单元四　《建筑消防设施的维护管理》解读

一、概述

（一）发布背景

建筑消防设施按照国家有关法律法规和国家工程建设消防技术标准设置，是探测火灾发生、及时控制和扑救初起火灾的重要保障。对建筑消防设施实施维护管理，确保其完好有效，是建筑物产权单位、管理单位和使用单位的法定职责。常见建筑消防设施如图 6-12 所示。

图 6-12 常见建筑消防设施

为引导和规范建筑消防设施的维护管理工作，确保建筑消防设施完好有效，2010 年 9 月 26 日，中华人民共和国国家质量监督检验检疫总局、中国国家标准化管理委员会发布《建筑消防设施的维护管理》（GB 25201—2010），自 2011 年 3 月 1 日起实施。

《建筑消防设施的维护管理》（GB 25201—2010）通过明确的维护管理标准和操作规程，为保障各类型建筑中消防设施的有效运行和管理提供了坚实的指导基础，是建筑消防安全管理不可或缺的重要组成部分。通过遵循这一标准，可以显著提高建筑消防安全水平，有效保护人民生命财产安全。

（二）适用范围

《建筑消防设施的维护管理》（GB 25201—2010）规定了建筑消防设施维护管理的内容、方法和要求，适用于在用建筑消防设施的维护管理，旨在确保各类建筑中的消防设施能够处于良好的工作状态，以最大限度地保护人民生命财产安全。该标准针对建筑消防设施的维护和管理提出了全面的指导原则和操作规范，涵盖了住宅、办公楼、商场、学校、医院、工厂等多种类型的建筑，无论是新建、改建还是扩建的项目，只要涉及消防设施的安装和使用，都应遵循该标准进行维护管理。

二、维护管理体系建设

（1）建筑消防设施的维护管理包括值班、巡查、检测、维修、保养、建档等工作。

（2）建筑物的产权单位或受其委托管理建筑消防设施的单位，应明确建筑消防设施的维护管理归口部门、管理人员及其工作职责，建立建筑消防设施值班、巡查、检测、维修、保养、建档等制度，确保建筑消防设施正常运行。

（3）同一建筑物有两个以上产权、使用单位的，应明确建筑消防设施的维护管理责任，对建筑消防设施实行统一管理，并以合同方式约定各自的权利、义务。委托物业等单位统一管理的，物业等单位应严格按合同约定履行建筑消防设施维护管理职责，建立建筑消防设施值班、巡查、检测、维修、保养、建档等制度，确保管理区域内的建筑消防设施正常运行。

（4）建筑消防设施维护管理单位应与消防设备生产厂家、消防设施施工安装企业等有维修、保养能力的单位签订消防设施维修、保养合同。维护管理单位自身有维修、保养能力的，应明确维修、保养职能部门和人员。

（5）建筑消防设施投入使用后，应处于正常工作状态。建筑消防设施的电源开关、管道阀门，均应处于正常运行位置，并标示开、关状态；对需要保持常开或常闭状态的阀门，应采取铅封、标识等限位措施；对具有信号反馈功能的阀门，其状态信号应反馈到消防控制室；消防设施及其相关设备的电气控制柜具有控制方式转换装置的，其所处控制方式宜反馈至消防控制室。

（6）不应擅自关停消防设施。值班、巡查、检测时发现故障，应及时组织修复。因故障维修等原因需要暂时停用消防系统的，应有确保消防安全的有效措施，并经单位消防安全责任人批准。

（7）城市消防远程监控系统联网用户，应按规定协议向监控中心发送建筑消防设施运行状态信息和消防安全管理信息。

三、维护管理内容

（一）值班

（1）设有建筑消防设施的单位应根据消防设施操作使用要求制定操作规程，明确操作人员。负责消防设施操作的人员应通过消防行业特有工种职业技能鉴定，持有初级技能以上等级的职业资格证书，能熟练操作消防设施。消防控制室、具有消防配电功能的配电室、消防水泵房、防（排）烟机房等重要的消防设施操作控制场所，应根据工作、生产、经营特点建立值班制度，确保火灾情况下有人能按操作规程及时、正确操作建筑消防设施。单位制定灭火和应急疏散预案以及组织预案演练时，应将建筑消防设施的操作内容纳入其中，对操作过程中发现的问题应及时纠正。

（2）消防控制室值班时间和人员应符合以下要求。

1）实行每日24小时值班制度。值班人员应通过消防行业特有工种职业技能鉴定，持有初级技能以上等级的职业资格证书。

2）每班工作时间应不大于8小时，每班人员应不少于2人，值班人员对火灾报警控制器进行每日检查、接班、交班时，应填写《消防控制室值班记录表》的相关内容。值班期间每2小时记录一次消防控制室内消防设备的运行情况，及时记录消防控制室内消防设备的火警或故障情况。

3）正常工作状态下，不应将自动喷水灭火系统、防烟排烟系统和联动控制的防火卷帘等防火分隔设施设置在手动控制状态；其他消防设施及其相关设备如设置在手动状态时，应有在火灾情况下迅速将手动控制转换为自动控制的可靠措施。

（3）消防控制室值班人员接到报警信号后，应按下列程序进行处理。

1）接到火灾报警信息后，应以最快方式确认。

2）确认属于误报时，查找误报原因并填写《建筑消防设施故障维修记录表》。

3）火灾确认后，立即将火灾报警联动控制开关转入自动状态（处于自动状态的除外），同时拨打"119"火警电话报警。

4）立即启动单位内部灭火和应急疏散预案，同时报告单位消防安全责任人。单位消防安全责任人接到报告后应立即赶赴现场。

（4）消防控制室的安全管理信息、控制及显示要求应满足设计要求。

【典型案例】

值班操作人员玩忽职守导致小火酿成大灾

2013年10月11日，北京某商场的餐厅着火，火势蔓延至整座大楼，大火共扑救9小时，致2名消防员牺牲，火灾现场如图6-13所示。

图6-13 北京某商场餐厅火灾现场

事故核查情况：

商场消防中控室的监控录像显示，当天凌晨2时52分54秒，中控室里的火灾自动报警系统开始报警，画面上一名男性值班人员起身按了一下消声装置，又回到了座位上。

按规定，接到报警的值班人员应第一时间通知报警区域的巡查人员携带消防应急包到现场确认火情，并反馈情况，但该值班人员未做任何处置。据他事后向警方交代，他对第一个火灾报警做的是消声处理，即摁断报警声。2分钟后，报警器第二次响起，值班人员又摁断报警声，坐下继续玩电子游戏。监控记录显示，尽管消了声，但他身后的报警器一直在闪烁。

当天凌晨3时1分，商场消防中控室火灾自动报警系统控制面板突然有大面积的报警灯闪烁起来，显示火势已经大范围蔓延，这名工作人员这时才停下了手中的电子游戏，但为时已晚。商场外街面监控录像显示，此时餐厅里的人员已经全部跑了出去，火光映亮了街道。商场内发生如此范围的火灾，其内部的自动喷水灭火系统、排烟系统、防火卷帘等理应自动启动，保护还没有过火的区域和楼层，但这些自动消防设施却未能第一时间自动开启。

单位的火灾自动报警系统、自动喷水灭火系统等要靠消防中控室统一控制，按照规定应设置在自动状态。但据调查，该商场擅自将其设置在手动状态，上述值班人员始终未能启动各系统。监控记录显示，从发现大面积火警开始后的4分钟内，值班人员始终在翻看研究说明书。后来又跑进来两名值班人员，但他们同样手足无措，无人正确操作自动灭火系统。由于起火初期没有采取任何灭火措施，火势很快从餐厅蔓延到了商场的外面，并沿着商场外立面的广告牌迅速蔓延至整座大楼。商场外的监控录像显示,当天凌晨3时13分,当第一批消防力量赶到的时候,整座楼已形成从内到外、自下而上的立体燃烧。

【问题】 应如何落实消防控制室管理?

【解析】 (1) 应实行每日24小时专人值班制度,每班不应少于2人,值班人员应持有消防控制室操作职业资格证书。

(2) 消防设施日常维护管理应符合《建筑消防设施的维护管理》(GB 25201—2010)的要求。

(3) 应确保火灾自动报警系统、灭火系统和其他联动控制设备处于正常工作状态,不得将应处于自动控制状态的设备设在手动控制状态。

(4) 应确保高位消防水箱、消防水池、气压水罐等消防储水设施水量充足,确保消防泵出水管阀门、自动喷水灭火系统管道上的阀门常开;确保消防水泵、防(排)烟风机、防火卷帘等消防用电设备的配电柜开关处于自动位置(通电状态)。

(二) 巡查

(1) 巡查是建筑使用管理单位对建筑消防设施直观属性的检查,巡查时应填写《建筑消防设施巡查记录表》。

(2) 建筑消防设施巡查频次应满足下列要求。

1) 公共娱乐场所营业时,应结合公共娱乐场所每2小时巡查一次的要求,视情况将建筑消防设施的巡查工作部分或全部纳入其中,但全部建筑消防设施应保证每日至少巡查一次。

2) 消防安全重点单位,每日巡查一次。

3) 其他单位,每周至少巡查一次。

(3) 建筑消防设施巡查的项目包括:消防供(配)电设施的巡查、火灾自动报警系统的巡查、电气火灾监控系统的巡查、可燃气体探测报警系统的巡查、消防供水设施的巡查、消火栓(消防炮)灭火系统的巡查、自动喷水灭火系统的巡查、泡沫灭火系统的巡查、气体灭火系统的巡查、防烟排烟系统的巡查、应急照明和疏散指示标志的巡查、应急广播系统的巡查、消防专用电话的巡查、防火分隔设施的巡查、消防电梯的巡查、细水雾灭火系统的巡查、干粉灭火系统的巡查、灭火器的巡查等。

(三) 检测

(1) 建筑消防设施应每年至少检测一次,检测对象包括全部系统设备、组件等。设有自动消防系统的宾馆、饭店、商场、市场、公共娱乐场所等人员密集场所,易燃易爆单位以及其他一类高层公共建筑等消防安全重点单位,应自系统投入运行后每年的年底前,将年度检测记录报当地消防救援机构备案。在重大节日、重大活动前或者期间,应根据当地消防救援机构的要求对建筑消防设施进行检测。从事建筑消防设施检测的人员,应当通过消防行业特有工种职业技能鉴定,持有中级以上等级职业资格证书。

(2) 检测内容主要包括:消防供(配)电设施的检测、火灾自动报警系统的检测、消防供水设施的检测、消火栓(消防炮)灭火系统的检测、自动喷水灭火系统的检测、泡沫灭火系统的检测、气体灭火系统的检测、机械加压送风系统的检测、机械排烟系统的检测、应急照明系统的检测、应急广播系统的检测、消防专用电话的检测、防火分隔的检测、消防电梯的检测、细水雾灭火系统的检测、干粉灭火系统的检测、灭火器的检测等。

(四) 维修

从事建筑消防设施维修的人员，应当通过消防行业特有工种职业技能鉴定，持有技师以上等级职业资格证书。值班、巡查、检测、灭火演练中发现建筑消防设施存在问题和故障的，相关人员应填写《建筑消防设施故障维修记录表》，并向单位消防安全管理人报告。单位消防安全管理人对建筑消防设施存在的问题和故障，应立即通知维修人员进行维修。维修期间，应采取确保消防安全的有效措施。故障排除后应进行相应功能试验并经单位消防安全管理人检查确认。维修情况应记入《建筑消防设施故障维修记录表》。

(五) 保养

建筑消防设施维护保养应制定计划，列明消防设施的名称、维护保养的内容和周期。建筑消防设施维护保养计划表详见表6-4。

表6-4 建筑消防设施维护保养计划表

序号：　　　　　　日期：

序号	检查保养项目		保养内容	周期
1	消防水泵	外观清洁	擦洗、除污	一个月
		泵中心轴	长期不用时定期盘动	半个月
		主回路控制回路	测试、检查、紧固	半年
		水泵	检查或更换盘根填料	半年
		机械润滑	加0号黄油	三个月
2		管道	补漏、除锈、涂装	半年
		阀门	补充或更换盘根，补漏、除锈、涂装、润滑	半年

消防泵、喷淋泵、送风机、排烟机应定期试验。
注1：保养内容、周期，可根据设施设备使用说明书、国家有关标准、安装场所环境等综合确定。
注2：本表为样表，单位可根据建筑消防设施的类别分别制表，如消火栓系统维护保养计划表、自动喷水灭火系统维护保养计划表、气体灭火系统维护保养计划表等。

消防安全责任人或消防安全管理人（签字）：　　　　制定人：　　　　审核人：

从事建筑消防设施保养的人员，应通过消防行业特有工种职业技能鉴定，持有高级技能以上等级职业资格证书。凡依法需要进行计量检定的建筑消防设施所用的称重、测压、测流量等计量仪器仪表以及泄压阀、安全阀等，应按有关规定进行定期校验并提供有效证明文件。单位应储备一定数量的建筑消防设施易损件或与有关产品厂家、供应商签订相关合同，以保证供应。实施建筑消防设施的维护保养时，应填写《建筑消防设施维护保养记录表》并进行相应的功能试验。

保养内容如下。

(1) 对易污染、易腐蚀生锈的消防设备、管道、阀门应定期清洁、除锈、注润滑剂。

(2) 点型感烟火灾探测器应根据产品说明书的要求定期清洗、标定；产品说明书没有明确要求的，应每两年清洗、标定一次。可燃气体探测器应根据产品说明书的要求定期进行标定。火灾探测器、可燃气体探测器的标定应由生产企业或具备资质的检测机构承担。承担标定的单位应出具标定记录。

(3) 储存灭火剂和驱动气体的压力容器应按有关气瓶安全监察规程的要求定期进行试

验、标识。

（4）泡沫、干粉等灭火剂应按产品说明书委托有资质的单位进行包括灭火性能在内的测试。

（5）以蓄电池作为后备电源的消防设备，应按照产品说明书的要求定期对蓄电池进行维护。

（6）其他类型的消防设备应按照产品说明书的要求定期进行维护保养。

（7）对于使用周期超过产品说明书标识寿命的易损件、消防设备，以及经检查测试已不能正常使用的火灾探测器、压力容器、灭火剂等产品设备应及时更换。

消防设施的维护保养如图 6-14 所示。

图 6-14 消防设施的维护保养

（六）建档

1. 档案内容

（1）消防设施基本情况。包括建筑消防设施的验收文件和产品、系统使用说明书、系统调试记录、建筑消防设施平面布置图、建筑消防设施系统图等原始技术资料。

（2）消防设施动态管理情况。包括建筑消防设施的值班记录、巡查记录、检测记录、故障维修记录以及维护保养计划表、维护保养记录、自动消防控制室值班人员基本情况档案及培训记录。

2. 档案管理时限

（1）消防设施施工安装、竣工验收以及验收技术检测等原始技术资料长期保存。

（2）《消防控制室值班记录表》《建筑消防设施巡查记录表》的存档时间不少于 1 年。

（3）《建筑消防设施检测记录表》《建筑消防设施故障维修记录表》《建筑消防设施维护保养计划表》《建筑消防设施维护保养记录表》的存档时间不少于 5 年。

四、责任与管理

（一）责任主体的明确划分

《建筑消防设施的维护管理》（GB 25201—2010）明确了建筑消防设施维护管理的责任主体，包括建筑所有者、使用人和管理人。这些责任主体必须依法承担起消防设施维护管理的责任，确保消防设施处于良好的工作状态，能够在火灾等紧急情况下正常运作。《建筑消防设施的维护管理》（GB 25201—2010）还详细规定了各责任主体的管理职责，建筑所有者或管理人需建立健全消防设施维护管理体系,包括设立专职或兼职的消防设施维护管理人员,制定和执行维护保养计划,组织消防安全教育和培训,定期进行消防设施的检查、测试和评估等。

(二) 维护管理工作的标准化

《建筑消防设施的维护管理》(GB 25201—2010)对消防设施的维护保养、检查、测试和故障处理等管理工作提出了标准化的要求,包括维护保养的内容、周期和方法,检查和测试的标准和程序,以及发现问题和故障时的应对措施。通过标准化的维护管理工作,可以确保消防设施的性能和功能满足防火安全的要求;同时,《建筑消防设施的维护管理》(GB 25201—2010)要求建立完善的维护管理记录和报告系统,包括对维护保养活动、检查测试结果、故障处理以及年度评估等信息的详细记录和归档。这些记录不仅作为评估消防设施维护管理工作效果的依据,也是用于检查和事故调查的重要资料。

五、实施与监督

(一) 政府消防监督管理部门加强监督

政府消防监督管理部门负责对建筑消防设施的维护管理进行监督检查,包括但不限于审核维护管理计划的执行情况、现场检查消防设施的运行状态以及评估维护管理的有效性。这种监管旨在确保所有规定和要求得到遵守,对发现的违规行为采取相应的法律措施。同时,《建筑消防设施的维护管理》(GB 25201—2010)鼓励采用信息化技术,如"互联网+监管"平台,以提高消防设施维护管理的效率和透明度。这样的平台可以实时收集和分析消防设施的运行数据,为政府监管部门提供科学的监督依据,同时也便于公众了解建筑的消防安全状态。

(二) 建筑所有者、使用人以及维护管理者自我管理与执行

建筑所有者、使用人以及维护管理者应依法承担起自身的责任,包括制定合理的维护管理计划、执行日常的维护保养工作,以及定期进行消防设施的检查和测试。此外,还需及时对消防设施的故障进行修复,并保持消防设施的良好运行状态。《建筑消防设施的维护管理》(GB 25201—2010)还强调了对维护管理人员、使用人员等相关人员进行消防安全教育和培训的重要性,以提高他们对消防设施维护管理的认识和操作技能,确保在火灾等紧急情况下能够有效应对。

单元五 其他相关文件解读

一、《关于深化消防执法改革的意见》解读

(一) 背景

随着中国经济社会的快速发展,城乡结构、人口密度和建筑环境日趋复杂,消防安全面临的挑战和风险不断增加,这要求消防执法体制和机制必须进行相应的改革和优化,以提升消防安全管理的效率和效果。一些严重的火灾事故暴露出消防执法及管理中存在的问题,如

执法力量分散、职责不明确、效率低下等,迫切需要通过制度改革来加以解决。

(二) 基本原则

(1) 坚持"问题导向、源头治理"。从社会反映强烈的消防执法突出问题抓起,全面改革消防监督管理工作,打破垄断、清除积弊,创新监管方式,健全制度机制,从源头上堵塞制度漏洞、防范化解风险。

(2) 坚持"简政放权、便民利企"。按照建设法治政府的要求,最大力度推行"证照分离",坚决破除消防监督管理中各种不合理的门槛和限制,压减审批项目,改变审批方式,简化审批流程,缩短审批时间,提升服务质量。

(3) 坚持"放管并重、宽进严管"。发挥市场在资源配置中的决定性作用,把该放的权力充分放给市场,更好发挥政府作用,做好简化审批与强化监管有效衔接,落实"双随机、一公开"监管要求,加强和规范事中事后监管,先立后破,守住消防安全底线。

(4) 坚持"公开透明、规范有序"。推行消防执法事项全部、及时、准确向社会公开,强化自我约束,健全执法制度、规范执法行为、完善执法程序、创新执法方式、加强执法监督,让权力在阳光下运行。

(三) 主要内容

(1) 取消消防技术服务机构资质许可。取消消防设施维护保养检测、消防安全评估机构资质许可制度,消防设施维护保养检测、消防安全评估机构的技术服务结论不再作为消防审批的前置条件,企业办理营业执照后即可开展经营活动。

(2) 简化公众聚集场所投入使用、营业前消防安全检查,实行告知承诺管理。消防部门制定公众聚集场所消防安全标准并向社会公布,提供告知承诺书格式文本。公众聚集场所在取得营业执照或依法具备投入使用条件后,通过在线政务服务平台或当面提交申请,向消防部门作出其符合消防安全标准的承诺后即可投入使用、营业。

(3) 放宽消防产品市场准入限制。将强制性产品认证目录中的消防水带、喷水灭火产品、消防车、灭火剂、建筑耐火构件、泡沫灭火设备产品、消防装备产品、火灾防护产品、消防给水设备产品、气体灭火设备产品、干粉灭火设备产品、消防防烟排烟设备产品、消防通信产品等13类消防产品调整出目录,改为自愿性认证,仅保留公共场所、住宅使用的火灾报警产品、灭火器、避难逃生产品的强制性产品认证。向社会开放消防产品认证检验市场,凡是具备法定条件的认证、检验机构,均可开展认证、检验工作,对出具的文件负责并承担相应的法律责任。

(4) 实行"双随机、一公开"监管。加强消防安全事中事后监管,制定年度检查计划,明确抽查范围、抽查事项和抽查细则,合理确定抽查比例和频次。按计划开展"双随机"检查,检查计划和检查结果要及时告知被检查单位并向社会公开。如图6-15所示为某单位在进行消防安全执法检查。

(5) 严格限制处罚自由裁量权。制定统一的消防行政处罚裁量基准,细化量化具体的处罚条件、情形、种类和幅度,加强对处罚裁量情况的日常抽查,防止标准不一、执法随意。对情节轻微、当场改正的消防违法行为不予处罚。对案情复杂及作出责令停产停业、停止使用或较大数额罚款等的处罚,应当由集体讨论决定,并按照规定组织听证,有关情况报上一级消防部门备案。对当事人提出申辩、申诉的,及时予以答复。

(6) 实行消防执法全程监督。全面实施消防执法全过程记录,同步应用执法记录仪和执法场所音视频监控，实现监督全覆盖。全面落实消防执法事项法制审核制度，每项执法决定必须经过合法性审查。全面推行消防执法公示制度，将执法依据、人员、程序、结果和文书等信息全部公开，接受社会监督。严格执行双人执法、持证上岗制度，消防干部、消防员必须经执法资格考试合格，方可从事执法活动。严格落实执法人员岗位交流制度，达到规定年限及时轮岗。

图 6-15　消防安全执法检查

（7）推行消防监管"一网通办"。完善"互联网+监管"执法工作机制，运用物联网和大数据技术，全时段、可视化监测消防安全状况，实时化、智能化评估消防安全风险，实现差异化精准监管。

（8）强化火灾事故倒查追责。逐起组织调查造成人员死亡或重大社会影响的火灾，倒查工程建设、中介服务、消防产品质量、使用管理等各方主体责任。严格追究属地管理和部门监管责任，建立较大以上火灾事故调查处理信息通报和整改措施落实情况评估制度，评估结果及时向社会公开，强化警示教育。

（9）严肃消防执法责任追究。建立健全消防执法责任制和执法质量终身负责制，明确执法岗位和执法人员具体责任。对发现的消防执法不作为和乱作为等问题，坚决做到有责必问、追责必严。

（10）严禁消防人员及其近亲属违规从业。制定消防人员职业规范，明确消防人员及其近亲属从业限制，严格落实回避制度。消防人员不得指定或变相指定消防工程施工企业、消防技术服务机构、消防产品；消防干部及其近亲属不准承揽消防工程、经营消防技术服务机构、生产销售消防产品；辞去公职或离退休的消防领导干部和执法干部在离职 5 年内，其他干部在离职 3 年内，不得接受原任职地区消防企业和中介机构聘任，或从事与消防行业相关的营利活动。

（11）消防部门与行业协会、中介组织彻底脱钩。取消消防部门与消防行业协会的主办、主管、联系和挂靠关系，做到职能、人员、财务完全分离。现职消防人员一律不得在消防行业协会、中介机构兼职（任职），离退休人员在消防行业协会兼职（任职）的，必须符合国家有关规定且不得领取报酬。

（12）优化便民利企服务。全面清理消防执法领域于法无据的证明材料，能够通过部门交互获取的信息不再要求单位和个人提供。实行容缺后补、绿色通道、邮政或快递送达等便利化措施，推行预约办理、同城通办、跨层联办、智能导办、一对一专办等服务方式，多渠道多途径提高办事效率和服务水平。开放消防救援站，设立基层消防宣传教育站点，为群众就近免费接受消防培训提供便利。

二、《消防安全责任制实施办法》解读

（一）实施目的及适用范围

《消防安全责任制实施办法》适用于所有单位和个人，包括政府机关、企（事）业单位、社会团体及其工作人员和公民，明确了政府、消防部门、单位负责人以及个人在消防安全管理中的责任和义务，形成全社会共同参与的消防安全管理格局。

《消防安全责任制实施办法》解读

通过实施《消防安全责任制实施办法》，旨在构建一套全面、系统的消防安全管理体系，通过各级各类主体的积极参与和履责，有效预防和减少火灾事故，提升社会整体的消防安全水平。

（二）总则

（1）按照政府统一领导、部门依法监管、单位全面负责、公民积极参与的原则，坚持党政同责、一岗双责、齐抓共管、失职追责，进一步健全消防安全责任制，提高公共消防安全水平，预防火灾和减少火灾危害，保障人民群众生命财产安全。

（2）地方各级人民政府负责本行政区域内的消防工作，政府主要负责人为第一责任人，分管负责人为主要责任人，班子其他成员对分管范围内的消防工作负领导责任。

（3）国务院公安部门对全国的消防工作实施监督管理。县级以上地方人民政府公安机关对本行政区域内的消防工作实施监督管理。县级以上人民政府其他有关部门按照管行业必须管安全、管业务必须管安全、管生产经营必须管安全的要求，在各自职责范围内依法依规做好本行业、本系统的消防安全工作。

（4）坚持安全自查、隐患自除、责任自负。机关、团体、企业、事业单位等是消防安全的责任主体，法定代表人、主要负责人或实际控制人是本单位、本场所消防安全责任人，对本单位、本场所消防安全全面负责。消防安全重点单位应当确定消防安全管理人，组织实施本单位的消防安全管理工作。

（5）坚持权责一致、依法履职、失职追责。对不履行或不按规定履行消防安全职责的单位和个人，依法依规追究责任。

（三）消防安全职责

1. 县级以上地方各级人民政府消防安全职责

县级以上地方各级人民政府应当落实消防工作责任制，履行下列职责。

（1）全面负责本地区消防工作，每年召开消防工作会议，研究部署本地区消防工作重大事项。每年向上级人民政府专题报告本地区消防工作情况。健全由政府主要负责人或分管负责人牵头的消防工作协调机制，推动落实消防工作责任。

（2）将消防工作纳入经济社会发展总体规划。

（3）督促所属部门和下级人民政府落实消防安全责任制，组织开展消防安全检查。

（4）建立常态化火灾隐患排查整治机制，组织实施重大火灾隐患和区域性火灾隐患整治工作。

（5）依法建立国家综合性消防救援队和政府专职消防队。

（6）组织领导火灾扑救和应急救援工作。

（7）法律、法规、规章规定的其他消防工作职责。

此外，《消防安全责任制实施办法》细化了省、自治区、直辖市人民政府，市、县级人民政府，乡镇人民政府和街道办事处的消防安全专属职责。

2. 县级以上人民政府工作部门消防安全职责

县级以上人民政府工作部门应当按照"谁主管、谁负责"的原则，在各自职责范围内履行下列职责。

（1）根据本行业、本系统业务工作特点，在行业安全生产法规政策、规划计划和应急预案中纳入消防安全内容，提高消防安全管理水平。

（2）依法督促本行业、本系统相关单位落实消防安全责任制，建立消防安全管理制度，确定专（兼）职消防安全管理人员，落实消防工作经费；开展针对性消防安全检查治理，消除火灾隐患；加强消防宣传教育培训，每年组织应急演练，提高行业从业人员消防安全意识。

（3）法律、法规和规章规定的其他消防安全职责。

此外，《消防安全责任制实施办法》细化了公安、教育、人力资源社会保障等13个具有行政审批职能的部门以及发展改革、科技、工业和信息化等25个具有行政管理或公共服务职能的部门的消防安全职责。

3. 机关、团体、企业、事业等单位消防安全责任

机关、团体、企业、事业等单位应当落实消防安全主体责任，履行下列职责。

（1）明确各级、各岗位消防安全责任人及其职责，制定本单位的消防安全制度、消防安全操作规程、灭火和应急疏散预案。定期组织开展灭火和应急疏散演练，进行消防工作检查考核，保证各项规章制度落实。

（2）保证防火检查巡查、消防设施器材维护保养、建筑消防设施检测、火灾隐患整改、专职或志愿消防队和微型消防站建设等消防工作所需资金的投入。

（3）按照相关标准配备消防设施、器材，设置消防安全标志，定期检验维修，确保完好有效。设有消防控制室的，实行24小时值班制度，每班不少于2人，相关人员应持证上岗。

（4）保障疏散通道、安全出口、消防车通道畅通，保证防火防烟分区、防火间距符合消防技术标准。保证建筑构件、建筑材料和室内装修装饰材料等符合消防技术标准。

（5）定期开展防火检查、巡查，及时消除火灾隐患。

（6）根据需要建立专职或志愿消防队、微型消防站。

（7）消防法律、法规、规章以及政策文件规定的其他职责。

同时，《消防安全责任制实施办法》针对消防安全重点单位和火灾高危单位，规定了严格的消防安全职责。

【典型案例】

重大火灾多人被追责

2017年2月25日,某休闲会所发生一起重大火灾事故,造成10人死亡、13人受伤。

事故原因:会所改建装修施工人员使用气割枪在施工现场违法进行金属切割作业,切割产生的高温金属熔渣溅落在工作平台下方,引燃废弃沙发造成火灾。

造成火势迅速蔓延和重大人员伤亡的主要原因:施工现场堆放有大量废弃沙发且动火切割作业未采取任何消防安全措施,火势迅速蔓延并产生大量高热有毒有害烟气,在消防设施被停用、疏散通道被堵塞、消防设施管理维护不善等多种不利因素的共同作用下,造成了重大人员伤亡。

责任追究:该起事故中,39人被建议追究责任,其中有23人被建议采取刑事强制措施,包括休闲会所经营者、股东等;16名公职人员被建议给予党纪政纪处分(县处级4人)。

【问题】 根据《消防安全责任制实施办法》,案例中的休闲会所未履行的消防职责有哪些?

【解析】 该案例中的休闲会所未履行的职责有:

(1)未明确各级、各岗位消防安全责任人及其职责,未制定本单位的消防安全制度、消防安全操作规程、灭火和应急疏散预案。未定期组织开展灭火和应急疏散演练,未进行消防工作检查考核,没有保证各项规章制度的落实。

(2)未按照相关标准配备消防设施、器材,未设置消防安全标志;未保障疏散通道、安全出口畅通。

(3)未定期开展防火检查、巡查,未及时消除火灾隐患。

三、《社会单位灭火和应急疏散预案编制及实施导则》解读

(一)法律依据

《消防法》《规定》等法律、法规、规章,都要求社会单位制定灭火和应急疏散预案(以下简称"预案"),并组织进行有针对性的消防演练。制定预案并定期演练可以显著提高单位应对火灾或其他突发事件时的反应、处理速度,提高火灾报警、灭火救援、安全疏散快速反应能力,有助于在最短时间内扑灭初起火灾,迅速、稳妥地疏散人员和物资,控制危害范围,最大限度地降低损失,是社会各单位消防安全自我管理中的一个重要环节。

(二)预案编制与实施原则

(1)预案编制原则:遵循"以人为本、依法依规、符合实际、注重实效"的原则,明确应急职责、规范应急程序、细化保障措施。

(2)预案实施原则:遵循"分级负责、综合协调、动态管理"的原则,全员学习培训、定期实战演练、不断修订完善。

预案编制按成立预案编制工作组、资料收集与评估、编写预案、评审与发布、适时修订预案的程序实施。

(三)预案的分级与分类

1. 预案的分级

预案根据设定灾情的严重程度和场所的危险性,从低到高依次分为以下五级。

(1) 一级预案：针对可能发生无人员伤亡或被困，燃烧面积小的普通建筑火灾的预案。

(2) 二级预案：针对可能发生 3 人以下伤亡或被困，燃烧面积大的普通建筑火灾，燃烧面积较小的高层建筑、地下建筑、人员密集场所、易燃易爆危险品场所、重要场所等特殊场所火灾的预案。

(3) 三级预案：针对可能发生 3 人以上 10 人以下伤亡或被困，燃烧面积小的高层建筑、地下建筑、人员密集场所、易燃易爆危险品场所、重要场所等特殊场所火灾的预案。

(4) 四级预案：针对可能发生 10 人以上 30 人以下伤亡或被困，燃烧面积较大的高层建筑、地下建筑、人员密集场所、易燃易爆危险品场所、重要场所等特殊场所火灾的预案。

(5) 五级预案：针对可能发生 30 人以上伤亡或被困，燃烧面积大的高层建筑、地下建筑、人员密集场所、易燃易爆危险品场所、重要场所等特殊场所火灾的预案。

2. 预案的分类

预案按照单位规模、功能及业态划分、管理层次等要素，可分为总预案、分预案和专项预案三类。

（四）预案的主要内容

通常，预案包括编制目的、编制依据、适用范围、应急工作原则、单位基本情况、火灾情况设定、组织机构及职责、应急响应、应急保障、应急响应结束、后期处置等内容。

（五）预案的实施

1. 预案的培训

在预案制定过程中承担相应任务的所有人员，均应参加培训。培训的目的是使参训人员熟悉预案内容，了解火灾发生时各行动机构人员的工作任务及各方之间应做到的协调配合；掌握必要的灭火技术，熟悉消防设施、器材的操作使用方法。培训的主要内容是预案的全部内容，职责、个人角色及其意义，应急演练及灭火疏散行动中的注意事项，防火、灭火常识，灭火基本技能，常见消防设施的原理、性能及操作使用方法。培训周期不低于 1 年。

2. 应急演练

消防安全重点单位应至少每半年组织一次演练，火灾高危单位应至少每季度组织一次演练，其他单位应至少每年组织一次演练。在火灾多发季节或有重大活动保卫任务的单位，应组织全要素综合演练。单位内的有关部门应结合实际适时组织专项演练，宜每月组织开展一次疏散演练。单位全要素综合演练由指挥机构统一组织，专项演练由消防归口职能部门或内设部门组织。

演练实施前，要做好演练的准备：制定实施方案，确定假想起火部位，明确重点检验目标；设置观察岗位，指定专人负责记录演练参与人员的表现，供演练结束进行讲评时做参考；演练会影响顾客或周边居民的，应提前一定时间做出有效公告，避免引起不必要的惊慌。

演练实施过程中，应设定现场发现火情和系统发现火情两种情况分别实施，按发现火情、报告火警、使用现场灭火器材进行扑救、消防控制室监控火情、拨打"119"电话报警和报告、启动应急预案、实施灭火和应急疏散行动等程序展开。

演练结束后应进行现场总结讲评，应就各观察岗位发现的问题进行通报，对表现好的方面予以肯定，并强调实际灭火和疏散行动中的注意事项。

【典型案例】

同样应对初起火灾，练没练过确实不一样

火灾案例一：某日，某日用品有限公司发生火灾，灭火器就在旁边，现场员工却不知使用，竟用嘴吹、纸板扑打、覆盖塑料桶等方法灭火，最终小火酿大火，造成 19 人死亡。

火灾案例二：某日，某企业车间内发生火灾，现场 4 名工作人员听到声光报警后，第一时间按下手动报警按钮通知消防控制室，并利用临近放置的干粉灭火器实施初起火灾扑救。消防控制室接到火灾报警信号后，迅速启动灭火预案并拨打"119"电话报警，并通知微型消防站人员立即赶往火灾现场增援灭火。微型消防站人员到达现场后，利用室内外消火栓及企业自配的消防水罐车水炮成功将火灾扑灭。

【问题】 对比火灾案例一和火灾案例二，谈谈你对社会单位制定灭火和应急疏散预案并定期演练的重要性的看法。

【解析】 社会单位制定灭火和应急疏散预案并定期演练可以显著提高单位应对火灾或其他突发事件时的反应、处理速度，提高火灾报警、灭火救援、安全疏散快速反应能力，有助于在最短时间内扑灭初起火灾，迅速、稳妥地疏散人员和物资，控制危害范围，最大限度地降低损失，是社会各单位消防安全自我管理中的一个重要环节。

参考文献

[1] 中国消防协会学术工作委员会，中国人民警察大学防火工程学院．中国消防协会学术工作委员会消防科技论文集（2023）［C］．北京：中国石化出版社，2023.

[2] 兰泽全．应急管理法律法规［M］．北京：应急管理出版社，2021.

[3] 梁新成．煤矿安全法律法规［M］．3版．北京：应急管理出版社，2023.

[4] 卜素．《中华人民共和国安全生产法》专家解读［M］．徐州：中国矿业大学出版社，2021.

[5] 许永安．中华人民共和国刑法修正案（十一）解读［M］．北京：中国法制出版社，2021.